Matthias Blazek

The Mamas and The Papas

Flower-Power-Ikonen, Psychedelika und sexuelle Revolution

Obwohl ***The Mamas and The Papas*** *nur sechs UK-Hit-Singles hatten, und alle von ihnen in einer weniger als 18-monatigen Periode, haben sie sich zu einem festen Bestandteil der Popmusik-Folklore der Sixties entwickelt, und ihre Schallplatten wurden zu Klassikern ihrer Zeit.*

Chris White, Music Week, England

Aus dem Booklet-Text zu „The Collection", Castle Communications PLC, London 1988

Matthias Blazek

The Mamas and The Papas

Flower-Power-Ikonen, Psychedelika und sexuelle Revolution

ibidem-Verlag
Stuttgart

Bibliografische Information der Deutschen Nationalbibliothek
Die Deutsche Nationalbibliothek verzeichnet diese Publikation in der Deutschen Nationalbibliografie; detaillierte bibliografische Daten sind im Internet über http://dnb.d-nb.de abrufbar.

Bibliographic information published by the Deutsche Nationalbibliothek
Die Deutsche Nationalbibliothek lists this publication in the Deutsche Nationalbibliografie; detailed bibliographic data are available in the Internet at http://dnb.d-nb.de.

Umschlaggestaltung: Josefine Rudolf

Bildbearbeitung und Satz: Matthias Blazek

Lektorat: Jürgen Bormann, Brigitte Stelzmann

Abbildung auf dem Umschlag: The Mamas and the Papas performing on *The Ed Sullivan Show*; 28. Juni 1968. CBS Television. Quelle: Wikimedia Commons. Gemeinfrei.

In der Diskographie finden unter den Samplern nur die frühen Zusammenstellungen (bis 1977) sowie Veröffentlichungen mit Bonusmaterial Erwähnung. Chartplatzierungen werden mit einer Raute (#) angedeutet. Die in den Anmerkungen angegebenen Internet-Links wurden durchweg in der ersten Oktoberwoche 2013 abgerufen.

∞

Gedruckt auf alterungsbeständigem, säurefreien Papier
Printed on acid-free paper

ISBN-13: 978-3-8382-0577-9

Geleitwort

The Mamas and The Papas

Ikonen unbeschwerter Flower-Power-Musik

Psychedelika und sexuelle Revolution
1965-1968

Wer sich in der heutigen Zeit – sei es aus besonderem musikalischen Interesse oder eher zufällig – eines der bekannteren Lieder von „The Mamas and The Papas“ anhört, macht sich im Allgemeinen eher weniger Gedanken darüber, unter welchen Umständen diese Lieder entstanden sind und welche Anstrengungen und Zufälle für die jeweiligen Musikaufnahmen ausschlaggebend waren.

Schon Mitte der sechziger Jahre – dem Entstehungszeitraum dieser Musik – war der aufmerksame Zuhörer zunächst beeindruckt von dem mehrstimmigen weichen Sound der gemischten Frauen- und Männerstimmen, die romantisch-melancholische Texte nahezu perfekt umzusetzen vermochten. Schon die erste Textzeile des wohl mit am bekanntesten Songs der Gruppe, nämlich „California Dreamin'“, mag als Indiz für diese subjektive Wahrnehmung dienen:

„All the leaves are brown and the sky is grey“

Die harmonische Umsetzung der mit dieser Textzeile verbundenen Empfindungen durch „The Mamas and The Papas“ hebt sich ganz außerordentlich sowohl von der in jener Zeit mehr bevorzugten härteren Beatmusik als auch von den damals angesagten bluesartigen Stücken ab. Diese Musik lädt jeden Zuhörer unweigerlich zum Träumen ein!

Wer als interessierter Zuhörer thematisch aber nicht nur an der Oberfläche bleiben will, sondern sich über den Werdegang und das musikalische Schaffen der Bandmitglieder näher informieren möchte, wird in diesem Werk nicht nur nahezu umfassende Informationen hierüber finden, sondern auch die mehr oder weniger angedeuteten persönlichen Charaktereigenschaften erkennen können, die sich durch das gesellschaftliche Umfeld und die sozialen Beziehungen der Bandmitglieder untereinander widerspiegeln.

Wolfgang Buchhop
bpr-Projekt GbR
Musiker

Gliederung

Der Wandel in Amerika

Bis 1965 hatten der **Beatles**- und der **Bob Dylan**-Einfluss die Richtung der amerikanischen Pop-Musik weg von der Surfmusic und dem erweiterten Rock 'n' Roll, der die frühen Jahre des Jahrzehnts verkörpert hatte, verschoben. Drüben an der West Coast hatten **The Byrds** mit „Mr. Tambourine Man" eine perfekte Hochzeit von Folk und Rock zelebriert, und Barry McGuire, ruppig-stimmiger Leadsänger der **New Christy Minstrels**, hatte mit „Eve of Destruction", einer Komposition von P. F. Sloan gegen praktisch alles, einen Nummer-1-Hit gelandet – es war Folk mit Rock mit dem zusätzlichen Inhaltsstoff von „Instant Protest". McGuire war ein Exbewohner von Greenwich Village, dem amerikanischen Folk-Mekka, und kannte John Phillips und seine Frau Michelle, die im Sommer 1965 mit zwei Freunden, einer jungen Studentin namens Cass Elliot und ihrem Beatnik, Kumpel Denny Doherty, eine Zweitausend-Meilen-Reise von New York nach Kalifornien unternahmen.[1]

Abb. 1: The Mamas and The Papas in der „The Ed Sullivan Show", 28. Juni 1968. Von links: Michelle Phillips, Cass Elliot, Denny Doherty, John Phillips.

In welche Zeit **The Mamas and The Papas** 1965 hineingeboren wurden, zeigt eine Übersicht über die großen Charterfolge in den amerikanischen Single- und Album-Charts. In jenem Jahr gab es 27 Nummer-1-Singles und zehn Nummer-1-Alben. Die großen Erfolge lassen sich durch die von „Billboard“ ermittelten Charts in den USA (Hot 100) feststellen.

An der Spitze der US-amerikanischen Charts waren 1965 vor allem **The Beatles** und **The Supremes** zu finden:[2]

The Beatles: I feel fine
3 Wochen (26. Dezember 1964-15. Januar 1965)

The Supremes: Come see about me
1 Woche (16. Januar-22. Januar, insgesamt 2 Wochen)

Petula Clark: Downtown
2 Wochen (23. Januar-5. Februar)

The Righteous Brothers: You've lost that Lovin' Feelin'
2 Wochen (6. Februar-19. Februar)

Gary Lewis & the Playboys: This Diamond Ring
2 Wochen (20. Februar-5. März)

The Temptations: My Girl
1 Woche (6. März-12. März)

The Beatles: Eight Days a Week
2 Wochen (13. März-26. März)

The Supremes: Stop! In the Name of Love
2 Wochen (27. März-9. April)

Freddie & the Dreamers: I'm telling you now
2 Wochen (10. April-23. April)

Wayne Fontana & the Mindbenders: Game of Love
1 Woche (24. April-30. April)

Herman's Hermits: Mrs. Brown you've got a lovely Daughter
3 Wochen (1. Mai-21. Mai)

The Beatles: Ticket to Ride
1 Woche (22. Mai-28. Mai)

The Beach Boys: Help me, Rhonda
2 Wochen (29. Mai-11. Juni)

The Supremes: Back in my Arms again
1 Woche (12. Juni-18. Juni)

Four Tops: I can't help myself
1 Woche (19. Juni-25. Juni, insgesamt 2 Wochen)

The Byrds: Mr. Tambourine Man
1 Woche (26. Juni-2. Juli)

Four Tops: I can't help myself
1 Woche (3. Juli-9. Juli, insgesamt 2 Wochen)

The Rolling Stones: (I can't get no) Satisfaction
4 Wochen (10. Juli-6. August)

Herman's Hermits: I'm Henry VIII, I am
1 Woche (7. August-13. August)

Sonny & Cher: I got you Babe
3 Wochen (14. August-3. September)

The Beatles: Help!
3 Wochen (4. September-24. September)

Barry McGuire: Eve of Destruction
1 Woche (25. September-1. Oktober)

The McCoys: Hang on Sloopy
1 Woche (2. Oktober-8. Oktober)

The Beatles: Yesterday
4 Wochen (9. Oktober-5. November)

The Rolling Stones: Get off of my Cloud
2 Wochen (6. November-19. November)

The Supremes: I hear a Symphony
2 Wochen (20. November-3. Dezember)

The Byrds: Turn! Turn! Turn! (To everything there is a Season)
3 Wochen (4. Dezember-24. Dezember)

The Dave Clark Five: Over and Over
1 Woche (25. Dezember-31. Dezember)

Album-Charts

The Beach Boys: Beach Boys Concert
4 Wochen (5. Dezember 1964-1. Januar 1965)

Elvis Presley: Roustabout
1 Woche (2. Januar-8. Januar)

The Beatles: Beatles '65
9 Wochen (9. Januar-12. März)

Mary Poppins (Soundtrack)
1 Woche (13. März-19. März, insgesamt 14 Wochen)

Goldfinger (Soundtrack)
3 Wochen (20. März-9. April)

Mary Poppins (Soundtrack)
13 Wochen (10. April-9. Juli, insgesamt 14 Wochen)

The Beatles: Beatles VI
6 Wochen (10. Juli-20. August)

The Rolling Stones: Out of our Heads
3 Wochen (21. August-10. September)

The Beatles: Help!
9 Wochen (11. September-12. November)

The Sound of Music (Soundtrack)
2 Wochen (13. November-26. November)

Herb Alpert's Tijuana Brass: Whipped Cream and other Delights
6 Wochen (27. November 1965-7. Januar 1966, insgesamt 8 Wochen)

„Billboard's Hottest Hot 100 Hits" ermittelte als erfolgreichste Top-100-Songs des Jahres 1965:[3]

1. „(I can't get no) Satisfaction" von **The Rolling Stones**
2. „You've lost that lovin' Feelin'" von **The Righteous Brothers**
3. „Downtown" von **Petula Clark**
4. „Wooly Bully" von **Sam the Sham & the Pharaohs**
5. „Mrs. Brown you've got a lovely Daughter" von **Herman's Hermits**
6. „Help!" von **The Beatles**
7. „I can't help myself (Sugar Pie, Honey Bunch)" von **Four Tops**
8. „Let's hang on" von **The Four Seasons**
9. „Turn! Turn! Turn!" von **The Byrds**
10. „My Girl" von **The Temptations**

The Mamas and The Papas

The Mamas and The Papas waren eigentlich eine Band der sechziger Jahre unter vielen. Sie bestanden gerade einmal vier Jahre, von 1965 bis 1968, und waren Teil einer Musikbewegung, die man heute noch vielfach als „Flower Power“ bezeichnet. Sie lieferten mit „Monday, Monday“ und „California Dreamin'“ zwei Ohrwürmer, die noch heute tagtäglich von nahezu allen Musiksendern gespielt werden, bei denen „Oldies“ ihre Berechtigung haben. Von vier Musikern der Erfolgsband lebt heute gerade noch eine der beiden Sängerinnen.

Aber es gab bisweilen noch keine deutschsprachige Publikation über diese Band, die kurz und nachhaltig die Bildfläche betreten hatte. Ihr Wirken fiel zudem mitten in die Beat-Ära, die sich auszeichnete durch Experimentierfreude, Widerstand und das aktive Auseinandersetzen mit dem Tabuthema Sexualität. Die Beatles hatten in dieser Hinsicht maßgeblichen Anteil und am Ende auch als erste echte Beatband internationale Erfolge zu verbuchen. Die Kritik der konservativen Gesellschaft ebbte ab, als **The Rolling Stones** ihre ersten Erfolge feierten, die sich auch rebellischer und wilder gaben als **The Beatles**.

– Geburt eines neuen Musikstils –

Damit war ein neuer Stil, der Beat, geboren, mit dem zahlreiche Bands vor allem in Großbritannien internationale Erfolge feierten. Wer damals internationalen Erfolg hatte, lässt sich allerdings an zehn Fingern abzählen. Eine Kurzübersicht:

The Beatles waren die Band aus Liverpool, die 1963 mit „She loves you“ ihren internationalen Durchbruch feierten und damit die „Beatlemania“ begründeten. Die Band um Paul McCartney, John Lennon, George Harrison und Ringo Starr hatte Ende 1965 bereits 37 Millionenseller und ging 1970 auseinander.

The Rolling Stones wurden 1962 in London gegründet. Noch heute ist die Band aktiv. In den sechziger Jahren gehörten Mick Jagger, Brian Jones, Keith Richards, Charlie Watts und Bill Wyman dazu. Sie waren rauer als **The Beatles** und ewig berühmt mit „I can't get no Satisfaction“.

The Kinks gelang 1964 mit „You really got me“ der internationale Durchbruch. Sie waren gesellschaftskritisch und spiegelten dies in ihrer Musik wider. Sie zählen zu den Urvätern des Punk und sind offiziell noch nicht aufgelöst.

The Beach Boys waren die erfolgreichste amerikanische Beatgruppe, auch sie gibt es noch. Bandleader Brian Wilson war ausgesprochen ehrgeizig und entwickelte seine Band mit seiner Experimentierfreude stets auf Augenhöhe mit den **Beatles**. Zwischen 1963 und 1965 hatten **The Beach Boys** 20 Top-40-Singles und mit „I get around“ 1964 ihren ersten Nummer-Eins-Hit.

The Walker Brothers glänzten mit „The Sun ain't gonna shine anymore“. Ihr halliger Sound erinnerte stark an **The Righteous Brothers**. Die Band stammte aus Kalifornien und trennte sich zwischenzeitlich von 1967 bis 1975.

The Spencer Davis Group mit Sänger Steve Winwood stammte aus Birmingham. Sie war sehr blueslastig und hinterlässt mit „Keep on Running“ und „Gimme some Lovin’“ tiefe Spuren.

The Mamas and The Papas waren in ihrer Zeit, 1965 bis 1968, bis auf John Phillips noch gar keine Mamas und Papas. Das „Schlager-Jahrbuch“ Nr. 2 schreibt 1966: „Sie konnten ihr Glück nicht fassen, die vier kalifornischen Gammler und Gammlerinnen. Ihr Montag-Montag-Hit war ein Welterfolg. Daß sich Mama Michelle kurz nach dem großen Erfolg von Papa John trennte, trübte die Freude etwas. Und seitdem hat der schnurrbärtige John noch traurigere Augen ...“

The Troggs erinnerten mit ihrer Musik vielleicht ein wenig an Höhlenbewohner (Troglodytes), insgesamt war die Kombination aus hartem Beat und harmonischen Gesang aber ausgesprochen gelungen. Größter Hit: „Wild Thing“.

Dave Dee, Dozy, Beaky, Mick and Tich wurde 1967 von der Jugendzeitschrift „BRAVO“ zur Band des Jahres gewählt und erhielt folglich den Goldenen Bravo Otto. „Hold tight“ und „Bend it!“ zählen zu den größten Erfolgen der Band.

The Hollies („Bus Stop“) aus Manchester hatten in Großbritannien mehr Top-20-Hits als die Beatles (22). Dort kam die Band, die durch ihren mehrstimmigen Gesang bestach, 28-mal in die Top 40. 17 Lieder davon waren unter den Top 10. In den USA durchbrachen sie die Top 40 mit elf Hits.

The Lovin’ Spoonful („Summer in the City“) stammten aus New York. Kopf der Band war John Sebastian, Sohn eines berühmten Harmonika-Spielers, der seine musikalische Karriere gemeinsam mit den späteren **Mamas & Papas** Cass Elliot und Denny Doherty bei einer Band namens **The Mugwumps** begonnen hatte.

The Yardbirds („For your Love“) waren vor allem in den ersten Jahren stark blueslastig. 1968 ging aus der britischen Band die damals „härteste Rockband der Welt“, „Led Zeppelin“, hervor. Sänger Keith Relf starb 1976 in seiner Wohnung nach einem Stromschlag durch eine nicht geerdete Elektrogitarre.

Manfred Mann mit dem aus Südafrika stammenden Manfred Sepse Lubowitz wurde 1962 in London gegründet und hatte mit „Do wah diddy diddy“ und „Mighty Quinn“ Welterfolge. Nach der Beatära nahm die Band erfolgreich einen Tapetenwechsel vor und nannte sich fortan **Manfred Mann’s Earth Band**.

The Byrds wurden 1964 in Los Angeles als Folkband gegründet. Auf dem Repertoire standen unter anderem Songs von Bob Dylan, wie beispielsweise „Mr. Tambourine Man“ aus dem Jahre 1965.

The McCoys hatten mit ihrer naiv-kindlichen Art Erfolg. Sie stammten aus dem US-Bundesstaat Indiana und hatten gerade einmal drei Singles, darunter 1965 „Hang on Sloopy“.

The Who schufen mit „My Generation“ die Hymne für eine ganze Generation und 1969 mit „Tommy“ eine Rockoper. Es war eine der bedeutendsten englischen Rockbands der 1960er Jahre. Zur Besetzung gehörten Sänger Roger

Daltrey, Pete Townshend, der 1978 gestorbene Schlagzeuger Keith Moon und der 2002 gestorbene Bassist John Entwistle.

Herman's Hermits waren 1964 in Manchester gegründete Hitlieferanten der sechziger Jahre. „No Milk today“ bleibt unvergessen. Die Band war vor allem in den USA sehr erfolgreich.

Dave Clark Five („Glad all over“) waren eine der wenigen Bands, die an die kommerziellen Erfolge der Beatles heranreichen konnten. Insgesamt konnte die bereits 1958 in Tottenham (London) gegründete Band 24 Aufnahmen in die Billboard Top 100 bringen, darunter zwischen 1964 und 1967 17 Top-40-Hits.

Graham Bonney wurde in Deutschland durch den „Beat-Club“ von Radio Bremen bekannt, wo er am 28. Mai 1966 erstmals mit „Supergirl“ auftrat.

Peter & Gordon war ein britisches Pop-Duo aus London, das während der Zeit der *British Invasion* auch große Erfolge in den USA feiern konnte. John Lennon und Paul McCartney schrieben ihnen einige Hits, darunter „A World without Love“. Bei der BRAVO-Beatles-Blitztournee durch Deutschlands Metropolen München, Hamburg und Essen 1966 waren **Peter & Gordon** Vorgruppe.

Sam the Sham & the Pharaohs war eine US-amerikanische Tex-Mex-Band der 1960er-Jahre. Sie präsentierte sich gerne im Look der Pharaonen und landete mit „Wooly Bully“ 1965 einen Welthit, der sich zwölf Wochen in den deutschen Charts hielt.

The Monks genießen einen Sonderstatus. Es handelte sich um in Deutschland stationierte britische Soldaten, die bis Ende der 1960er Jahre in der damaligen Bundesrepublik als Beatband aktiv waren. Mit ihrem ruppigen Gitarrensound unterschieden sich deutlich von anderen Bands ihrer Zeit. Ihre Singles hießen „Complication“, „I can't get over you“ und „Love can tame the Wild“.

The Merseybeats begannen in Liverpool mit Rock'n'Roll und landeten mit „Wishin' & Hopin'“ 1964 einen Millionenseller. Ab 1966 waren es „nur noch“ **The Merseys** und landeten mit „Sorrow“ einen Hit.

Wayne Fontana and the Mindbenders („A groovy Kind of Love“) aus Manchester mussten ab Herbst 1965 auf Wayne Fontana verzichten, der mit „Come on Home“ und „Pamela Pamela“ künftig eigene Erfolge feierte.

The Small Faces („Sha-la-la-la-lee“), 1965 in London gegründet, präsentierten einen harten Beat à la **The Who**, der stark nach vorne ging und das Interesse der Mod-Bewegung nach sich zog. Sänger Steve Marriott kam 1991 bei einem Hausbrand ums Leben, Bassist Ronnie Lane starb 1997.

The Animals gründeten sich 1962 in Newcastle-upon-Tyne und spielten ab 1964 in London. Ihre Musik war stark von Folk und Blues geprägt. Mit „House of the Rising Sun“ landeten sie 1964 auf Platz 1 der US Charts und waren neben den **Beatles** mit „I want to hold your Hand“ und **Manfred Mann** mit „Do wah diddy diddy“ die erste Band, der dieser Erfolg gelang.

The Easybeats wurden 1964 in Sydney gegründet und hatten 1966 mit „Friday on my Mind“ ihren größten Erfolg.

The Turtles („Happy together“) stammten aus Los Angeles und hatten erst mit ihrer neunten Single 1966 ihren internationalen Durchbruch. Die Band bestand bis 1970.

Casey Jones and the Governors („Don't ha ha“) war eine Beatband aus Newcastle-upon-Tyne. Wahlheimat des Chefs Brian Casser war Berlin; daher wird die Band dem German Beat zugeordnet.

The Monkees waren eine US-amerikanische Pop-Band, die Mittelpunkt der am 12. September 1966 erstmals ausgestrahlten der gleichnamigen Fernsehserie und außerdem zahlreiche Hitparadenerfolge, wie „Last Train to Clarksville“ und „I'm a Believer“, erzielen konnte. Sie wurden damals zusammengewürfelt wie die Boygroups der Gegenwart.

The Zombies, mit Rod Argent und Colin Blunstone an der Spitze, wurden 1962 in St Albans in England gegründet. Ihre erste Single, „She's not there“, im August 1964 veröffentlicht, wurde ihr größter Hit.

The Bee Gees begannen bereits 1958 als Kinderband in Australien mit Beatmusik. 1966 hatten sie mit „Spicks and Specks“ ihren ersten Nr.-1-Hit in Australien. Sie siedelten nach Großbritannien um und hatten dort mit „Massachusetts“ 1967 ihren ersten Welthit. Die Zwillinge Robin und Maurice Gibb sind bereits gestorben, es lebt nur noch der älteste Bruder Barry Gibb.

The Seekers („The Carnival is over“) bestanden zunächst von 1963 bis 1967 und blieben ihrer australischen Heimat treu. Leadsängerin Judith Durham präsentierte mit „The Olive Tree“ 1967 einen kleinen Singleerfolg, den Tom Springfield und Diane Lampert für sie komponiert hatten.

Esther & Abi Ofarim waren ein israelisches Gesangsduo. Ihr Millionenseller „The Morning of my Life“ stammte aus der Feder der **Bee Gees**.

Simon & Garfunkel („The Sounds of Silence“) hatten sich bereits 1957 als **Tom und Jerry** gegründet.

Sonny and Cher („I got you Babe“) präsentierten einen stark rhythmusbetonten Beat. Das Duo bestand von 1964 bis 1974. Sänger Bono, eigentlich Salvatore Bono, starb am 5. Januar 1998.

The Creation kamen aus Hertfordshire in England und bestanden von 1963 bis 1968. In den ersten Jahren hießen sie **The Mark Four**. Ihr Hit hieß „Painter Man“ (1966).

The Velvet Underground war eine experimentelle Rockband aus New York, in der unter anderem Lou Reed und John Cale mitspielten. „All Tomorrow's Parties“ hieß 1966 die erste Single der Band. Das Debütalbum von 1967 („The Velvet Underground & Nico“) zählt zu den Klassikern der Rockgeschichte.

Cat Stevens, **David Bowie**, **Adriano Celentano** und **Elton John** starteten ebenfalls in den sechziger Jahren mit Beatmusik.

The Lords („Poor Boy") waren ursprünglich eine Skiffle-Band. Am 7. April 1961 gewannen sie den vom Berliner Senat ausgeschriebenen Wettbewerb um „Das Goldene Waschbrett".

The Rattles („Come on and sing") rangen mit den **Lords** um den Titel „Deutschlands beliebteste Beatband", sie waren die einzige deutsche Band, die in England einen Fan-Club hatte. Sie drehten den ersten Beatfilm deutscher Herkunft: „Hurra, die Rattles kommen".

The Rainbows („Balla Balla") wurden im Oktober 1963 in Berlin von Hotte Lippok gegründet. **The Rainbows** erreichten mit „Balla Balla" den Platz 3 der wöchentlichen deutschen Singles-Charts 1965 sowie Platz 16 in der Jahreswertung. 1966 erhielt die Band aufgrund ihrer damaligen Popularität in Deutschland hinter den **Beatles** und den **Rolling Stones** den Bronzenen Bravo Otto der Jugendzeitschrift BRAVO.

The Boots, **The Rivets**, **The Petards** und **The German Blue Flames** waren weitere namhafte deutsche Beatbands der sechziger Jahre, die allerdings keine größeren Plattenerfolge verbuchen konnten.

The Hep Stars bestanden von 1963 bis 1972 und zählen zu den erfolgreichsten Rockbands der sechziger Jahre in Schweden. Dazu gehörte unter anderem Benny Andersson (Keyboard), der später ein Mitglied von **ABBA** wurde und gemeinsam mit Björn Ulvaeus, ebenfalls später bei ABBA, Lieder für das dritte **Hep Stars**-Album schrieb.

The Sheiks aus Lissabon gelten als die erfolgreichste portugiesische Beatband.

Soweit zur damaligen musikalischen Landschaft, in die 1965 **The Mamas and The Papas** hineingeboren wurden. Die vier Musiker hatten damals bereits kleine musikalische Karrieren hinter sich, ehe sie sich 1965 auf den Amerikanischen Jungferninseln (Virgin Islands) lange Zeit intensiv beschnupperten und gemeinsame Ziele besprachen.

Die vier Musiker, die den Weg zum Erfolg suchten, waren die Eheleute John und Michelle Phillips, Denny Doherty und Cass Elliot. Musikerfahrung brachten die vier größtenteils mit, John war früher beim Folktrio **The Journeymen** aktiv gewesen und Cass Elliot zunächst bei **The Big 3** und ab 1964 mit Denny Doherty bei **The Mugwumps**.

John Phillips (1935-2001)

Sänger, Songwriter und Gitarrist John Phillips war bereits seit 1957 in der New Yorker Musikszene aktiv. Er sang zunächst Rock, Folk und Doo Wop, einen Musikstil, der auf einem mehrstimmigen Gesangsarrangement basiert.

Geboren wurde Phillips am 30. August 1935 in Parris Island, South Carolina. Sein Vater, Claude Andrew Phillips (1888-1960), war ein pensionierter United States Marine Corps-Offizier, der auf dem Heimweg aus Frankreich nach dem Ersten Weltkrieg (1914-1918) beim Pokerspiel gegen einen anderen Marine-Soldaten eine Bar in Oklahoma gewonnen hatte. Seine Mutter, Edna Gertrude (geb. Gaines),[4] die eine englische und wohl auch eine Cherokee-Abstammung hatte und sich als Hellseherin mit telekinetischen Kräften behauptete, traf Johns Vater in Oklahoma. Beide heirateten 1920 in Okmulgee County, Oklahoma.[5] Nach seiner 1986 aufgelegten Autobiographie, „Papa John", war Phillips' Vater ein starker Trinker, der an schlechter Gesundheit litt.

– Von Marlon Brando inspiriert –

Phillips wuchs in Alexandria, Virginia, auf, wo er vom Schauspieler Marlon Brando (1924-2004) inspiriert wurde, „street tough" (straßenhart) zu sein. Von 1942 bis 1946 besuchte er Linton Hall Military School in Bristow, Virginia. Laut seiner Autobiographie „hasste er den Ort" und sprach von „Kontrollen" und „Schlägen". Er erinnerte sich, dass „Nonnen uns beim Duschen zusahen".[6] Die Schule wurde später in „Linton Hall School" umbenannt. Er stellte eine Gruppe von Teenager-Jungen zusammen, die unter anderem Doo-Wop-Songs sangen. Er spielte Basketball an der George Washington High School, wo er im Jahre 1953 seinen Abschluss machte und eine Aufnahme an der United States Naval Academy in Annapolis, MD, erreichte. Allerdings trat er während des ersten Jahres (Plebe Year) wieder aus. Phillips besuchte dann das Hampden-Sydney College (wo er sich als Basketballspieler versuchte), brach diese Ausbildung aber ab und heiratete 1959 seine erste von vier Frauen: Susan Adams, Tochter einer wohlhabenden Familie aus Virginia. Sie hatten einen Sohn, Jeffrey, und eine Tochter, Laura Mackenzie (auch bekannt als „Mackenzie") Phillips.

Phillips sehnte sich nach Erfolg im Musikbusiness und reiste in den frühen 1960er Jahren nach New York, um einen Plattenvertrag zu bekommen. Seine Band **The Journeymen** war ein Folk-Trio, zu dem auch Scott McKenzie und Dick Weissman gehörten. Sie waren recht erfolgreich, brachten drei Alben heraus und traten mehrfach in der 1960er-TV-Show „Hootenanny" auf. Alle drei Alben wie auch die Zusammenstellung „Best of The Journeymen" wurden auf CD wieder veröffentlicht.

John Phillips, übrigens fast zwei Meter groß, schrieb 1963, bei einem Trinkgelage in einem Hotelzimmer mit Judy Collins und Neil Young (und anderen), einen Titel namens „Me and my Uncle". Der Song wurde zuerst im darauffolgenden Jahr von **Judy Collins** eingespielt und im gleichen Jahr auf dem The Judy Collins Concert einem großen Publikum präsentiert. Erfolgreich wurden mit dem Titel bald danach **Grateful Dead**, die ihn erstmals Ende 1966 im Programm hatten.[7]

John Phillips entwickelte sich musikalisch in Greenwich Village, als die amerikanische Folk Music wiederbelebt wurde, und traf um diese Zeit seine zukünftigen **The Mamas and The Papas**-Bandkollegen Denny Doherty und Cass Elliot. Der **Mamas & Papas**-Song „Creeque Alley" beschreibt genau diese Zeit.

Während einer Tournee mit **The Journeymen** durch Kalifornien begegnete John Phillips 1961 im „hungry i" an der Ecke 546 Broadway Street in San Francisco der aus Long Beach stammenden 17-jährigen Holly Michelle Gilliam und begann mit ihr eine Affäre. Zudem nahm er Michelle bei **The New Journey-**

men, der Nachfolgeband der **Journeymen**, auf. Ihre Affäre führte zur Auflösung seiner ersten Ehe, und so heiratete Phillips am 31. Dezember 1962 Michelle, mit der er bis 1968 ein Paar blieb. Beide gingen nach New York und komponierten gemeinsam Songs für **The New Journeymen**. Aus dieser Ehe ging 1968 ein Kind hervor, Chynna Phillips, Sängerin des 1990er-Jahre-Pop-Trios **Wilson Phillips** (1989-1993, Charterfolg „Hold on“, 1990).

Michelle Phillips (1944)

Michelle Phillips wurde am 4. Juni 1944 als Holly Michelle Gilliam in Long Beach, Kalifornien, geboren. Sie war die Tochter von Joyce Leon (geb. Poole), einer Baptistenpfarrerstochter und Buchhalterin, und Gardner Gilliam, eines Film-Produktionsassistenten und geistigen Autodidakten.[8]

Ihre Mutter starb, als sie fünf Jahre alt war. Mit sechs Jahren lebte sie in Mexico City, wo ihr Vater das Mexico City College on the GI Bill besuchte. Gemeinsam mit ihrer ein Jahr älteren Schwester Rusty lernte sie an einer mexikanischen Schule, fließend Spanisch zu sprechen.[9]

– Affäre mit „Journeyman“ John Phillips –

Michelle kehrte aber bald nach Kalifornien zurück. 1961 lernte die inzwischen 17-Jährige den auf Tournee mit **The Journeymen** befindlichen John Phillips kennen, der zu diesem Zeitpunkt noch verheiratet war, begann mit ihm eine Affäre und trat den 1964 gegründeten **New Journeymen** bei. Nach Phillips’ Scheidung heirateten die beiden und gingen nach New York City, wo sie nach den Worten Michelles „in einem sehr schönen Hochhaus“ lebten. Als beide im Juni 1964 nach Kalifornien zurückkehrten, nahm sie Gesangsunterricht bei Judy Davis, Gesangscoach von **The Kingston Trio** und **Peter, Paul and Mary**.[10]

John Phillips gab ihr den Spitznamen „Mitchie“.

Michelle Phillips war unter anderem am Schreiben der Texte der **Mamas & Papas**-Hits „California Dreamin’“ (1965) und „Creeque Alley“ (1967) beteiligt.

Am 12. Februar 1968, als das Ehepaar im kalifornischen Palm Springs lebte, gebar Michelle Phillips ihre Tochter, Chynna Phillips, spätere Sängerin der 1990er-Pop-Trios **Wilson Phillips**. Kurze Zeit darauf wurde ihre Ehe mit John Phillips aufgrund von Eheproblemen geschieden.[11]

Im Jahre 1970 heiratete Michelle Phillips während Filmaufnahmen in den Anden den durch den American Road Movie „Easy Rider“ (1969) bekannt gewordenen Schauspieler Dennis Hopper (1936-2010), deren Ehe bereits nach acht Tagen am 8. November 1970 wieder geschieden wurde. Dennoch sprach sie von „der besten Woche meines Lebens“.[12]

Cass Elliot (1941-1974)

Cass Elliot, „Mama Cass“, wurde als Ellen Naomi Cohen am 19. September 1941 als gemeinsame Tochter von Philip and Bess Cohen (geb. Levine aus San Francisco) in Baltimore, Maryland, geboren und wuchs in der Umgebung von Washington D.C. auf. Sie hatte eine jüngere Schwester, Leah Kunkel, die später auch Sängerin wurde, und zwar als Mitglied des 1980 gegründeten Frauen-Pop-Trios **Coyote Sisters**.

Beide Eltern waren musikalisch: Ihr Vater liebte Oper, und ihre Mutter spielte Klavier. Als Kind lauschte Elliot der Musik von Sängern. Ihre Favoriten waren Ella Fitzgerald, Judy Garland und Blossom Dearie. Sie nahm in der Grundschule Klavierunterricht, und später, bei wachsender Begeisterung für Folk Music, wechselte sie zur Gitarre. An der Forest Park High School in Baltimore sang sie im Chor und spielte in einer Theater-AG.[13]

Die Cohens zogen später nach Alexandria, Virginia (einem Vorort von Washington, D.C.). Im Alter von 17 Jahren nahm Ellen Naomi den Namen „Cassandra Elliot" an. Vom Vater wurde sie „Cass" genannt, nach der Prophetin Cassandra aus der griechischen Mythologie, und sie selbst fügte in Erinnerung an einen Freund, der bei einem Autounfall umgekommen war, den Namen Elliot hinzu. Denny Doherty meinte später, der Name sei in Anlehnung an die Schauspielerin Peggy Cass (1924-1999) gewählt worden.

Während ihrer Zeit an der George Washington High School entwickelte sie ein Interesse für das Schauspiel und bekam eine Rolle in einer Schulproduktion des Stücks „The Boy Friend" (1954). In ihrem letzten Jahr an der High School trat sie für dieses Stück am Owings Mills Playhouse auf, wo sie eine französische Krankenschwester spielte, die „It's nicer, much nicer in Nice" sang.

– Ziel: Karriere –

Nach dieser Erfahrung trachtete Cass, auch wenn ihre Familie eine College-Ausbildung einer Musikkarriere ihrer Tochter den Vorzug gab, nach weltweitem Erfolg. Kurz vor ihrem Abschluss verließ sie die High School und zog nach New York City, dem damaligen Zentrum der Folk Music, um eine Schauspielkarriere zu beginnen. Sie tourte mit dem Musical von Meredith Wilson (1902-1984), „The Music Man", und verlor den Miss Marmelstein-Part in „I can get it for you Wholesale" im Wettbewerb 1962 an Barbra Streisand. Das Musical wurde am 22. März 1962 im Shubert Theatre am Broadway uraufgeführt.

Cass Elliot produzierte auch ein Stück am Cafe „La Mama" in New York.[14]

Während ihrer Tätigkeit als Garderobiere im „The Showplace" in Greenwich Village in New York sang Cass Elliot bereits gelegentlich, so beispielsweise 1962 mit **The Ofays of Faith**, einem Frauen-Folk-Gospel-Trio aus Chicago (mit Ginny Clemons und Gusti Hervey).[15] Später im selben Jahr kehrte sie nach Washington D.C. zurück, wo sie 1962 auf einer Party in Georgetown dem Banjospieler Tim Rose (1940-2002) begegnete, der zwei Jahre zuvor bei **The Smoothies** erstmals bei einer Plattenaufnahme unterstützt hatte.[16]

Nun, als sie die American University besuchte und in Amerika die Folk-Szene auf dem Vormarsch war, fasste Cass Elliot eine Karriere als Sängerin ins Auge. Nach ihrem Highschool-Abschluss arbeitete sie nur für kurze Zeit als Reporterin für die „Jewish Times" in Baltimore.

Ab 1963 sang Cass Elliot in mehreren Folk-Bands, anfangs bei **The Triumvirate**, woraus noch im selben Jahr **The Big 3** wurde. Die erste Aufnahme dieses Trios hieß „Winken, Blinken and Nod“.

Denny Doherty (1940-2007)

Denny Doherty wurde am 29. November 1940 als Dennis Gerrard Stephen Doherty in Halifax, Nova Scotia, Kanada, geboren. Dort begann er mit 15 Jahren seine musikalische Karriere und sang bei einem Konzert in einer Hockey-Arena Pat Boones „Love Letters in the Sand“. Ab 1956 spielte er mit Teenager-Freunden in einer Band namens **The Hepsters** in Clubs in der Gegend von Halifax. Im Jahre 1960 gründete Doherty im Alter von 19 Jahren zusammen mit Patrick „Pat“ LaCroix und Richard Byrne eine Folk-Gruppe namens **The Colonials**, die durch ihre wöchentliche TV-Show Bekanntheit erlangte und später in **The Halifax Three** umbenannt wurde.[17]

The Del Ray Locals

Die Geschichte von **The Mamas and The Papas** beginnt genau genommen mit John Phillips musikalischen Wurzeln. Philip „Phil“ Blondheim (1939-2012), später bekannt und weltweit erfolgreich als Scott McKenzie („San Francisco (Be sure to wear Flowers in your Hair)“, 1967), und sein Freund John Phillips gründeten mit zwei weiteren Sängern, die allesamt die Highschool in Alexandria, Virginia, besucht hatten, im Jahre 1957 die Band **The Del Ray Locals**. Sie bestand nur bis 1959, bewegte aber offensichtlich Phillips, der in dem Quartett auch die Akustikgitarre spielte, dazu, einen neuen, eigenen Sound zu kreieren.[18]

The Smoothies

John Phillips gründete 1959 eine Folk-Band namens **The Abstracts**. Mit von der Partie: erneut Philip Blondheim, Michael „Mike“ Boran und William „Bill“ Cleary.[19]

Die Musiker stylten sich nach Art der **The Four Freshmen**, **The Hi-Lo's** und der **Four Preps**. 1959 fuhren sie zum ersten Mal nach New York, wo sie einen Agenten kennen lernten, der früher selbst Mitglied der Band **The Smoothies** gewesen war, die in den 1940ern einen großen Hit mit dem Titel „You're an old Smoothie“ gelandet hatten.

So wurden **The Abstracts** zu **The Smoothies**, und die vier fingen an, mit weiblicher Chorbegleitung und Comedians in traditionellen Nachtclubs aufzutreten. Das Quartett trug die passenden karierten Jacken, und ihr polierter Teenager-Idol-Klang führte 1960 zu einer Choreographie im „American Bandstand“-Aussehen. Phillips sagte einmal: „Ich war immer inspiriert von dieser **Four Freshmen**-Art von Harmonie.“[20]

Philip Blondheim (Scott McKenzie) erinnerte sich: „John und ich bildeten zusammen mit unseren beiden Freunden Bill Cleary und Mike Boran die **Smoothies**. Wir traten gerade in einem der letzten großen Nachtclubs, dem Elmwood Casino in Windsor, Ontario, auf. Wir waren Teil einer Varietévorstellung, wie sie in den großen Clubs – zumindest eine kurze Zeitlang – sehr angesagt waren. Diese Shows bestanden aus drei Teilen, Dancing Girls, und das ganze Ensemble war an der aufwändig choreographierten Bühnenproduktion beteiligt, bei der alle passend zum Thema der Show kostümiert waren. Wir waren zu der Zeit natürlich die Vorgruppe und froh über den Job. Im Hauptact trat eine Gruppe von Comedians auf. Ich kann mich nur noch an einen ihrer Namen erinnern: Jackie Curtis."[21]

– Arrangement im Four-Freshmen-Stil –

So arrangierte Phillips die Songs harmonisch im **The Four Freshman**-Stil, und mit dem am 6. Juni 1960 veröffentlichten Song „Softly" gelang der Band ein Achtungserfolg.

Auf dem Vinyl erscheint der Komponist als Johnny Phillips, angekündigt war „Vocal With Orchestra" (unter der Leitung von Jack Pleis). Die 2:27 Minuten lange Nummer wurde bei Champion Music (Label DECCA) vertrieben. Auf der Rückseite befand sich der Song „Joanie", eine Komposition von Alan Hood und Richard Loring.[22]

Abb. 2: The Smoothies auf einer DECCA-Informationskarte.
Von links: Mike Boran (stehend), Bill Cleary, John Phillips, Philip Blondheim.

John Phillips: „The Smoothies had it all in 1960--matching plaid blazers, snap-on ties, plenty of teeth, and a killer wingspan."[23]

Danach wandte sich John Phillips vom Pop-Sound ab, um im damals aufkeimenden Folk-Stil zu komponieren. Er erinnerte sich später, dass die Band im Begriff war, das Handtuch zu schmeißen. Man habe dann aber eine Anzeige in der lokalen Zeitung „The Village Voice" geschaltet und daraufhin den begnadeten Banjo-Spieler Dick Weissman gewonnen.[24]

Die zweite Single der Band hieß „Ride, Ride, Ride" / „Lonely Boy and Pretty Girl" und erschien im Oktober 1960. Es begleitete wieder Jack Pleis mit seinem Orchester, produziert hatte die Aufnahmen der Jazzproduzent Milt Gabler (1911-2001). Als so genannte Additional Musicians (Studiomusiker) sind bekannt: Dick Weissman (Banjo bei „Ride, Ride, Ride"), Eric Weissberg (Mandoline bei „Lonely Boy and Pretty Girl"), Sandy Block (Bass) und Don Arnone (E-Gitarre).[25]

Im Dezember 1960 ging die Band auseinander.

The Journeymen

Zusammen mit Scott McKenzie und Dick Weissman gründete John Phillips 1961 in New York **The Journeymen**, ein Folk-Trio. Stilistisch könnte man diese Band mit **The Kingston Trio** vergleichen. Bis 1963 hat das Trio drei Alben veröffentlicht, mit denen sie das massenhafte Angebot des Folk-Revivals bereicherten.[26]

– Songschreibertalent von John Phillips –

Dick Weissman, gebürtig Richard Weissman, geboren am 21. Januar 1935 in Philadelphia, hatte Musik studiert, spielte virtuos Banjo und Gitarre, sang und schrieb auch Songs.[27] John Phillips hatte immenses Talent als Songschreiber und Arrangeur, Philip Blondheim hatte eine brillante, kräftige Stimme, sang Lead-Tenor und schrieb auch Songs.

Die Band gab ihr Debüt 1961 in Gerde's Folk City, New York. Einer der großen Manager seiner Zeit, Frank Werber (1930-2007), nahm **The Journeymen** unter Vertrag, die nach kürzester Zeit in den besten Häusern New Yorks auftraten, gemeinsam mit **Bob Dylan**, **Lightnin' Hopkins** und den **Clancy Brothers**. Werber wusste, dass das große **Kingston Trio** vor der Trennung stand, und hatte die talentierten **Journeymen** als eventuellen Ersatz vorgesehen. Als später lediglich Dave Guard (1934-1991) aus dem **Kingston Trio** ausstieg, sollte John Phillips dessen Rolle übernehmen, er lehnte dies aber ab. Den Job bekam schließlich John Stewart (1939-2008) von **The Cumberland Three**.[28]

„Unter allen Gruppen aus den frühen 1960er-Jahren, die es hätten packen sollen, es aber nicht taten, sind **The Journeymen** diejenigen, die die größte Leidenschaft unter den Gelehrten und Zuhörern ausgelöst haben", schreibt Biograph Bruce Eder bei AllMusic.[29]

Abb. 3: Das Cover der am 25. März 1963 erschienenen Single „Here's Rag Mama".

Die Band erhielt einen Vertrag bei Capitol Records, und kurz danach erschien der erste Longplayer. **The Journeymen** waren lange Zeit die Hausband des berühmten Nachtklubs „hungry i" am Broadway in San Francisco. Die Single „Don't turn around", Anfang 1962 in Hollywood unter der Regie des **Kingston Trio**-Producers Voile Gilmore eingespielt, erfuhr lokalen Erfolg. **The Journeymen** waren auf dem besten Weg, dem **Kingston Trio** den Rang abzulaufen, als personelle Differenzen auftraten. John Phillips hatte zudem familiäre Probleme.

Die Popularität und der Erfolg des Trios schwanden nach einer relativ kurzen Lebensdauer. Der Musiktrend neigte zunehmend zu verstärkten Gitarren und modernen Rhythmen, die Folk Music war passé. Anfang 1964 gingen die Bandmitglieder auseinander und eigene Wege. **The Journeymen** hatten insgesamt drei Alben und sieben Singles für Columbia Records aufgenommen.[30]

John Phillips versuchte nun, die Band als **New Journeymen**, zu denen er seine Frau Michelle Phillips und Marshall Brickman (* 1941)[31] von der aufgelösten Folkmusic-Gruppe **The Tarriers** hinzunahm, wieder zu beleben.[32]

– Überzeugungskraft von Phillips –

Michelle Phillips erinnert sich später: „John sagte: ‚Michelle, wenn ich diese Band wieder zusammenbringe, wirst du dabei sein.' Ich hatte nie Ambitionen gehabt, und sicherlich betrachtete ich mich nicht als Sängerin. Wenn man mit John zusammen war, dann gab er einem Gesangsharmonien, die man übernehmen sollte – und er glaubte, dass ich das auch könnte. Außerdem sagte er, dass dies der einzige Weg sei, um die Kosten für meinen Unterhalt während der Tour zu rechtfertigen."[33]

Dick Weissman veröffentlichte 1964 sein Solo-Album „The Things that my Mind trouble" für Capitol.[34] 1972 zog er nach Colorado und begann mit dem Schreiben von Lehrbüchern für Banjo und Gitarre, die von Mel Bay veröffentlicht wurden. Er schrieb 15 Bücher über Musik und das Musikgeschäft und über 50 Lehr-Portfolios für verschiedene Musikverlage. Später wurde er ordentlicher Professor des Music & Entertainment Industry Programs an der University of Colorado in Denver.[35] Zwischen 1994 und 2005 produzierte Weissman drei weitere Solo-Alben, und zwar für die Folk Era, Wind River and Long Bridge Folk Labels.[36]

The Hepsters

Denny Doherty begann mit 15 Jahren in Halifax mit der **Halifax Dance Band** von Peter Power seine musikalische Karriere.[37] Ab 1956 spielte er mit seinen Teenager-Freunden Richard Sheehan, Eddie Thibodeau und Mike O'Connell in der typischen Bandbesetzung in einer Band namens **The Hepsters** in Clubs in der Gegend von Halifax. Die Band war für etwa zwei Jahre zusammen. Richard Sheehan erinnerte sich daran, dass die Musiker aufgrund der unglaublichen Stimme Denny Dohertys Massen anzogen, wo immer sie auftauchten.

The Halifax Three

Im Jahr 1960 gründete Denny Doherty im Alter von 19 Jahren zusammen mit Patrick „Pat" LaCroix und Richard Byrne eine Folk-Gruppe namens **The Colonials**. Die Gruppe erlangte Bekanntheit durch ihre wöchentliche TV-Show und ging zunächst 1961 nach Montreal und 1962 nach Toronto.

1963 stellte sie sich in New York vor und erhielt von Columbia's Epic Records einen Plattenvertrag. Gleichzeitig änderten die Musiker ihren Namen in **The**

Halifax Three (The Halifax III). Die Band nahm zwei Longplayer auf, darunter „San Francisco Bay Blues". Bei den Aufnahmen zu „The Man who wouldn't sing along with Mitch" im Jahre 1963, welches ein kleiner Hit wurde, ließ sich selbst Columbia-Präsident Mitch Miller (1911-2010) sehen und gab der Arbeit „seinen Segen".[38]

Im Herbst 1963 tourten **The Halifax Three**, mit Unterstützung des in Toronto geborenen Zal Yanovsky, mit **The Journeymen** auf der „Hootenanny"-USA-Tournee und spielten in der Carnegie Hall in New York City. Über den Tourmusiker Zal Yanovsky (1944-2002) sagte Denny Doherty: „Zal war Rhythm and Blues und Folk Music zugewandt."[39]

– Erste Begegnung von Denny und John –

Bei der Gelegenheit lernte Denny Doherty John Phillips und seine neue Frau, das Model Michelle, kennen. **The Halifax Three** gingen anschließend nach Kalifornien, um groß herauszukommen. Sie taten es aber nicht, und die Gruppe wurde in den ersten Wochen des Jahres 1964 aufgelöst, zufälligerweise in einem Hotel namens „The Colonial" in Los Angeles.[40]

Pat LaCroix wurde in der Folge ein preisgekrönter Toronto-Fotograf und beliebter Jazz-Sänger. Richard Byrne ging zurück nach Halifax, wo er die kurzlebige **New Halifax III** mit Scott McCulloch und Michael Stanbury von CBC-TV's Singalong Jubilee ins Leben rief. Denny Doherty besetzte im Frühjahr 1964 bei **The Big 3** die Stelle von Tim Rose.

The Big 3

Zeitgleich mit dem Niedergang der **Journeymen** entstand ein anderes Folk-Trio, **The Big 3**, welches sich in New Yorks Greenwich Village zusammenfand.

Diese Gesangs-Gruppe bestand ab Jahresbeginn 1963 und nannte sich anfangs **The Triumvirate.** Dazu gehörten neben Cass Elliot Tim Rose, ein Banjospieler, der einige Jahre zuvor bei den **The Singing Strings** mitgespielt und **The Smoothies** 1960 bei einigen Auftritten begleitet hatte, und der Sänger John Brown. Daraus wurde bald die Band **The Big 3**, zusammen mit Sängerin Cass Elliot, Tim Rose und James „Jim" Hendricks (Ehemann von Cass Elliot). Der **Peter, Paul and Mary** ähnliche Sound der Gruppe brachte ihr viel positive Kritik, aber aus kommerzieller Sicht waren **The Big 3** schlichtweg ein Misserfolg.

Mit dem Ziel, es mit Folk Music zu probieren, zogen Rose und Elliott gen Westen und schlossen sich mit Folk-Sänger John Brown aus Chicago zu einem Trio zusammen, sie probierten einige Stücke und gingen als **The Triumvirate** auf die Straße. „Ich hatte etwas Geld und beschaffte einen Volkswagen und wir gingen nach Chicago und wir bildeten eine Gruppe", erzählte Elliot. „Wir verbrachten einen schrecklichen, elenden, hungernden Winter. Zusammenführung. Singen. Lernen von Liedern. 25 unter Null."

Im Februar 1963 machte sich **The Triumvirate** auf den Weg zu einem Konzert in Omaha, Nebraska, wo der Sänger James Hendricks, ein Lehrer aus Nebraska, Brown ersetzte. Später in dem Jahr heirateten Elliot und Hendricks heimlich.

Damit sollte vermieden werden, dass Hendricks zur Army eingezogen würde. Die Ehe, aus der 1967 die Tochter Owen hervorging, hielt bis 1968.

Das Trio traf in Washington D.C. auf den Produzenten Roy Silver (1932-2003), der es **The Big 3** nannte und nach New York schickte. Im Sommer 1963 erlebte die Band einen raschen Erfolg im Nachtklub, Coffee House und Veranstaltungsort von Folk Music „The Bitter End“ in Greenwich Village, 147 Bleecker Street, und Ballantine-Bier-Werbejingles. Zudem bekamen sie feste Sendeplätze in der „The Tonight Show starring Johnny Carson“ (1962), „Hootenanny“ (1963) und „The Danny Kaye Show“ (1963). Insgesamt bestritt das Trio **The Big 3** 26 Fernsehauftritte.

Das Songmaterial war am traditionellen Folk angesiedelt und lässt Einflüsse von Cass Elliot auf **The Mamas and The Papas** erkennen. Mit „The Banjo Song“ („Oh! Susanna“) / „Winken, Blinken and Nod“ und „Come away Melinda“ / „Rider“ kamen 1963 die beiden Singles, gefolgt von zwei Longplayern, bis Rose 1964 die Gruppe verließ, um eine Solokarriere zu starten.

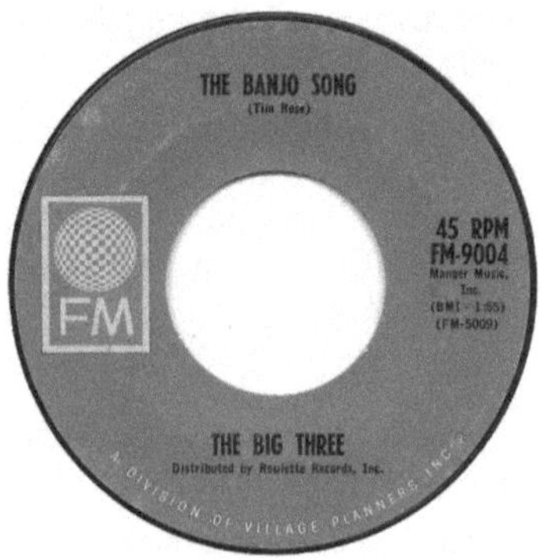

Abb. 4: Das Label der 1963er-Single „The Banjo Song“.

Ihr Session-Bassist Bob Bowers erinnert sich an „Rider“ und „I may be right“ (von „Journeyman“ Dick Weissman komponiert): „These people had a sound that would pin you to the wall!“ („Diese Leute hatten einen Sound, der einen an die Wand pinnen konnte!“)

– Ende für The Big 3 –

Aber dieser Sound konnte für **The Big 3** nicht die Zukunft bedeuten. Wie viele ihrer Zeitgenossen fielen sie im Mai 1964 auseinander, als die „britische Invasion“ die Folk Music verdrängte. Das nie zuvor veröffentlichte „Tom Dooley“ verrät die markante Umwandlung eines vertrauten Folksongs von Cass Elliot und Folk-Kollegen. Jerry Yester (**Modern Folk Quartet**, **The Lovin' Spoonful**) erinnerte sich an die Session: „Es ist wirklich ein gutes Beispiel dafür, wie Folk Music zum Folk-Rock weiterentwickelt wurde und wie Menschen aus der Folkschiene Anteil haben wollten an dieser neuen Sache, die aufkam, als The Beatles die Folk Music töteten.“

Persönliche und musikalische Differenzen sollen am Ende ebenfalls bei **The Big 3** im Spiel gewesen sein. 1964 wurde Tim Rose durch den bandbekannten Kanadier Denny Doherty von **The Halifax Three** ersetzt und das neue Trio um den Akustikgitarristen Zal Yanovsky, ebenfalls einem bandbekannten Kanadier, erweitert. Für den neuen Namen machte man es sich leicht: **Cass Elliot & The Big Three**. Unter diesem Namen und in dieser Besetzung arbeitete die Band nur zwei Monate lang. Schon bald erschien die Gruppe auf einer „open mike“-Night im „The Bitter End“ in Greenwich Village, man präsentierte sich unter dem neuen Namen, auf der Bühne folgten Folksänger Jim Fosso und Bluegrass-Banjospieler Eric Weissberg.

Es folgte nahtlos die Ära von **The Mugwumps**.

The Mugwumps

Als **Cass Elliot & The Big Three** um John Sebastian und Art Stokes (Schlagzeug) erweitert wurden, wurde der Bandname in **The Mugwumps** geändert.

Das Quartett unternahm einen Versuch mit Folk-basierter Popmusik, Folk-Songs, die vom Rock'n'Roll der Liverpooler Beatbands beeinflusst war.

Denny Doherty erinnerte sich: „Jetzt seht euch mal diese Gruppe an: Zalman Yanovsky, freischaffender Jude, ich aus Halifax, der seltsame, Bass spielende Ire, diese 300-Pfund-Cass, wir hatten Art Strokes, einen schwarzen Jungen am Schlagzeug, Jim Hendricks an der Gitarre, John Sebastian, der manchmal auf einem Hocker saß, um zu spielen, und wir nannten uns **The Mugwumps**! Wir wurden bereits ein Jahr vor Dylan elektrisch. Jeder sagte: ‚Was! Raus hier!'“[41]

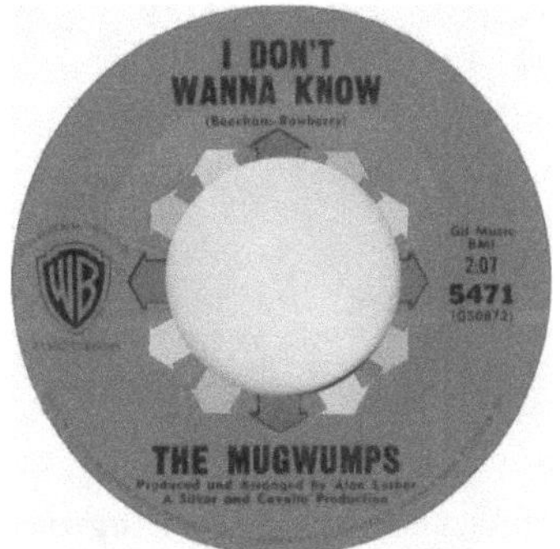

Abb. 5: Das Label der 1964er-Single „I don't wanna know“.

The Mugwumps spielten zunächst im Untergeschoss des Hotels Albert in Greenwich Village und traten dann auch in lokalen Clubs, wie „The Night Owl“ und „The Bitter End“, auf. Bald traten sie im „The Shadows“-Nachtklub in Washington D.C. auf. Während dieser Zeit geschah es, dass Cass Elliot die beiden Musiker Zal Yanovsky und John Sebastian miteinander bekannt machte.

Am 13. und 14. August 1964 wurde in den Bell Studios in New York das Material für ein Album aufgenommen, Producer Alan Lorber und das Manager-Team Roy Silver und Bob Cavallo überwachten und begleiteten die Aufnahmen. Zwei der Songs waren von Hendricks/Elliot geschrieben, nämlich „Here it is another Day“ und „Everybody’s been talkin’“. Das Produkt wurde jedoch nicht veröffentlicht, weil sich die Gruppe kurze Zeit später auflöste. Erst vor dem Hintergrund der späteren Erfolge der Mitglieder der **Mugwumps** veröffentlichte Warner Bros. Records das Album 1967, und zwar unter der Bezeichnung „Historic Recordings“.[42]

– Konzert mit den Beach Boys –

Am 23. September 1964 gaben **The Mugwumps** ein Konzert gemeinsam mit den **Beach Boys** im „Alexandria Roller Rink“ in Alexandria, Virginia. Ein Fan-Club begann in der Nähe von Arlington. Die Ende September 1964 bei Warner Brothers Records veröffentlichte Single „I’ll remember tonight“ blieb erfolglos.

Am 19. Oktober 1964 legte sogar das FBI eine Datei über Cass Elliot an. Da heißt es unter anderem: „The Mugwumps werden vielleicht im The Shadows in Washington, D.C. weiterspielen, bis sie einen Hit gelandet haben. Wenn das der Fall sein sollte, werden sie wahrscheinlich auf eine Tournee durch die Vereinigten Staaten gehen, die durch die Warner Brothers gesponsert sein wird.“[43]

Im November gingen sie nach New York für eine „Schwanensong“-Performance. Geschlossen wurde „The Peppermint Lounge“, eine seit 1958 betriebene, beliebte Diskothek an der 28 West 45th Street in New York City, und damit war es für **The Mugwumps** vorbei. „Wir konnten nicht einmal verhaftet werden“, erinnerte sich Denny Doherty.[44]

Abb. 6: Konzertplakat in der Los Angeles Free Press vom 7. Oktober 1966.

Nach nicht einmal zehn Monaten stellten **The Mugwumps** Ende 1964 ihre Arbeit ein. Zal Yanovsky gründete mit John Sebastian **The Lovin’ Spoonful**, James Hendricks wurde ein erfolgreicher Songschreiber. Cass Elliot begann in Washington, D.C., an einer Solo-Single zu arbeiten.

Aus der Besetzung gingen mit John Sebastian und Zal Yanovsky die zukünftigen **Lovin’ Spoonful** hervor. Cass Elliot und Denny Doherty beschlossen, einen Urlaub auf den Jungferninseln zu verbringen.[45]

The New Journeymen

John Phillips nutzte die Anfang 1964 erfolgte Auflösung seiner Band **The Journeymen**, um bereits im Herbst des Jahres eine neue Gruppe, **The New**

Journeymen, ins Leben zu rufen. Dazu holte er seine Frau Michelle als Sängerin, Marshall Brickman an der Twelve-String-Acoustic-Guitar und am Banjo (sowie nach unbestätigten Angaben Eric „The Doctor" Hord an der E-Gitarre).

Als die Band über Neujahr in Washington tourte, holte John Phillips Denny Doherty, den Tenor aus dem kanadischen Nova Scotia, der zuletzt bei **The Halifax Three** gesungen hatte, hinzu. Unmittelbar danach verließ Marshall Brickman die Gruppe, und Denny Doherty kam der Bitte John Phillips nach, die Lücke zu schließen. Brickman hatte die Band verlassen, um eine Karriere als Regisseur zu beginnen. Drei der im Januar 1965 in der neuen Besetzung entstandenen Demoaufnahmen wurden am 9. Mai 1999 auf der Zusammenstellung „The Magic Circle" erstmals veröffentlicht.[46]

– Urlaubsreise auf die Jungferninseln –

Die drei Mitglieder setzten sich zusammen und planten eine Urlaubsreise, sie drehten einen Globus, hielten ihn mit dem Finger an, der sich in Höhe der Jungferninseln in der Karibik befand. Im Sommer ging die Reise los, Ziel war die Hauptinsel St. Thomas. Sie reisten mit Johns fünfjähriger Tochter Mackenzie und mit der American-Express-Karte. Was sie auf der Insel erwartete, war ein wenig Entspannung und viel chemische Bewusstseinserweiterung.

Cass Elliot, die in Denny Doherty verknallt war, schnappte sich Johns Cousin Bill Throckmorton und folgte dem Trio in die Karibik, als Kellnerin, nicht als Sängerin. Denny Doherty war allerdings nicht an einer Romanze mit seiner übergewichtigen Verehrerin interessiert. Eine Zeitlang lebten sie in Zelten am Strand oder liefen einfach herum wie Obdachlose, komponierten und sangen Lieder, darunter „Monday, Monday", gaben das Geld aus.

Der Hauptort der Insel, Charlotte Amalie, war der Ort, wo es die vier Musiker hinzog, ehe der Gouverneur sich aufgrund ihrer Anwesenheit beunruhigt zeigte.[47] Wie sie in ihrem Song „Creeque Alley" später mitteilten, verbrachten die Musiker einige Zeit in einem Club von Hugh Alphonse Duffy (* 1921).[48]

Die Reise in die Karibik besiegelte die kurze Periode von **The New Journeymen**.

The Mamas and The Papas

The Mamas and The Papas existierten zwar nur drei Jahre, sie schufen aber die Flower-Power-Bewegung prägende Hits, wie „California Dreamin'" und „Monday, Monday". Cass Elliots Version von „Dream a little Dream of me" ist wohl die bekannteste Interpretation dieses Liedes.

The Mamas and The Papas überzeugten durch mehrstimmigen Gesang, was vor allem ihrer einzigartigen Frontsängerin Cass Elliot geschuldet war, die bereits reichlich Musikerfahrung in die Band gebracht hatte, am Ende aber viel zu früh 1974 in London aus dem Leben schied. Und bereits hier verschwimmen Wahrheit und Dichtung, hatte man über „Mama Cass" Lebensende doch stets gesagt, sie sei beim Essen erstickt.

Der Startschuss fiel im Sommer 1965 auf den Jungferninseln in der Karibik, genauer gesagt auf der Hauptinsel St. Thomas, wo John und Michelle Phillips und Denny Doherty eine experimentelle Verschnaufpause nach ihrer Arbeit bei **The New Journeymen** einlegten. Cass Elliot wurde auf den Jungferninseln – nach anfänglichem Zögern John Phillips' – die Mitwirkung in der angestrebten neuen Band angeboten, die vielleicht **The Magic Circle** heißen sollte.

– Hell's Angels geben Impuls –

Bei der Namensfindung kam es am Ende anders. Michelle Phillips, die gehört hatte, dass die neue „Hells Angels"-Motorrad-Gang ihre Freundinnen als „Mamas" bezeichnet hatte, schlug Cass ebenfalls diesen Namen vor, John Phillips und Denny Doherty bevorzugten „Papas". Die Kombination führte zum endgültigen Namen „The Mamas and The Papas".[49]

Nach ihrer Rückkehr gingen sie mit dem wenigen Geld, das sie durch Glücksspiel gewonnen hatten, nach Los Angeles. Sie begegneten zufällig Barry McGuire, dem 1935 in Oklahoma geborenen Folkrock-Sänger, der mit **The New Christy Minstrels** erfolgreich war und dessen Label, Dunhill Records, ein paar Monate zuvor von Produzent Lou Adler und einigen Geschäftspartnern ins Leben gerufen worden war.[50] McGuire hatte gerade Platz 1 der Hitparaden mit dem Protestsong „Eve of Destruction" erklommen.

Barry McGuire wollte sein neues Album aufnehmen, und er führte **The Mamas and The Papas** zu Lou Adler, die er gerne als Session-Band einsetzen wollte. John Phillips spielte zudem so gut Gitarre, um als Studiomusiker eingesetzt zu werden. Das Album, das sie Ende 1965 aufnahmen und das den Titel „This precious Time" tragen sollte, enthielt die Urversion von „California Dreamin'", mit dem Leadgesang von McGuire und den **Mamas & Papas** im Background.

John Phillips hatte den von ihm im Winter 1963/64 in New York verfassten Titel für den McGuire-Longplayer angeboten.[51] Produzent und Labelinhaber Lou Adler war von den stimmlichen Fähigkeiten des Quartetts sofort überzeugt: „Das ist wohl das Gefühl, welches George Martin gehabt haben muss, als er erstmals die Beatles hörte", sagte er und nahm sie zum 1. Oktober 1965 bei Dunhill unter Vertrag.[52]

Barry McGuire erinnerte sich:[53]

Und dann kamen die Mamas & Papas nach Kalifornien, und sie suchten nach einer Plattenfirma. Und ich kannte Cass und Denny wirklich gut, und sie riefen mich tatsächlich an und fragten, ob ich jemanden wüsste, der sie aufnehmen könnte. Und ich sagte, na ja, Lou Adler, ich werde euch zu ihm bringen.

Also ging ich eines Nachts zu deren Haus, um zu hören, was sie taten. Sie bügelte, und John und Michelle und Denny saßen auf dem Boden. Wir saßen aus irgendwelchen Gründen damals nie auf Stühlen. Und sie fingen an zu singen, und es haute mich nur um. „Well, wait'll Lou hears this." (Nun warte, bis Lou dies hört.) Also hatte ich ein paar Tage später eine Aufnahme-Session. Lou war überwältigt. Sie machten die Backup-Vocals auf diesem Album.

Im Vertrag wurde die Möglichkeit eingeräumt, bis zu zwei Alben je Jahr für die nächsten fünf Jahre aufzunehmen, mit einer Lizenzgebühr von 5 Prozent auf 90 Prozent der Verkäufe im Einzelhandel.[54]

Ihr Vokalstil war geprägt durch „Close harmony"-Stimmen und Kontrapunkt-Gesang, den sie als Hintergrundchor für Barry McGuires Interpretation von „California Dreamin'" einsetzten. Die Aufnahmen mit Toningenieur Dayton „Bones" Howe, damals 32 Jahre alt, entstanden im Oktober 1965 in Studio 3 der Western Recorders-Tonstudios (heutiges „Ocean Way") in Los Angeles.[55] Die Instrumentalparts stammten von einer festen Gruppe von erfahrenen Studiomusikern: Gitarrist Phil „Flip" (P. F.) Sloan, Keyboarder Larry Knechtel, Bassist Joe Osborn, Peter Pilafian (elektrische Violine) und Schlagzeuger Hal Blaine. Osborn und Blaine gehörten zu einer Gruppe von Studiomusikern, die in der Fachwelt als „Wrecking Crew" bekannt war und die bei fast allen **M&P**-Aufnahmen engagiert wurden. Das Mundharmonika-Solo spielte Barry McGuire.[56]

– „Du hast den Song ja geschrieben." –

John Phillips fragte nach der Aufnahmesession, ob seine **Mamas & Papas** den Song auch veröffentlichen dürften, worauf McGuire erwidert haben soll: „Natürlich, du hast den Song ja geschrieben."[57] Daraufhin sei entschieden worden, dass nicht „California Dreamin'" die Nachfolgesingle Barry McGuires von „Eve of Destruction" werden sollte, sondern „This precious Time".

Die Single „This precious Time", mit dem Hintergrundgesang von den **Mamas & Papas**, eine Komposition von P. F. Sloan und Steve Barri, wurde im November 1965 von Dunhill veröffentlicht, sie schaffte es aber nicht in die Single-Charts.[58]

Mit den **Mamas & Papas** wurde jedoch „California Dreamin'" nicht vollständig neu produziert, sondern man verwandte die im Oktober 1965 mit Barry McGuire entstandene und von Lou Adler produzierte Masteraufnahme. Hieran wurden am Aufnahmetag 4. November 1965 lediglich zwei Veränderungen vorgenommen. Barry McGuires Gesangsspur wurde durch Denny Dohertys Leadgesang (eine Oktave höher) ersetzt, anstatt des Mundharmonika-Solos wurde ein jazzig improvisiertes Altquerflötensolo vom eigens eingeflogenen Altsaxophonisten und Flötisten Clifford „Bud" Shank (1926-2009) eingefügt, das mit seiner Dauer von 33 Sekunden zu einem der bekanntesten Flötensolos der Rockmusik avancierte.[59] Beim genauen Hinhören erkennt man noch die Stimme von Barry McGuire, die nicht ganz gelöscht werden konnte, wodurch auf dem linken Kanal zu Beginn des Liedes die Passage „All the leaves are brown" zu hören ist. Auch Reste des Harmonika-Solos konnten auf der Vierspuraufnahme nicht vollständig eliminiert werden. Es verblieb beim markanten Intro zweier Akustik-Gitarren (eine 12-Saiten-Gitarre, gespielt von John Phillips, und eine 6-Saiten-Gitarre von P. F. Sloan) in a-Moll. Gesang und Instrumentation wurden wie folgt auf die vier Tonspuren der Ampex 300 aufgeteilt: Spur 1 (Mädchenstimmen), Spur 2 (Gitarren und Piano), Spur 3 (Männerstimmen) und Spur 4 (Bass und Schlagzeug).

Kurz vor der Veröffentlichung von „California Dreamin'" hatte die Band ihre erste Single, „Go where you wanna go", eine Komposition von John Phillips als Antwort auf eine Affäre seiner Frau mit einem anderen Mann und 2:27 Minuten lang, in limitierter Auflage bei Dunhill Records (Katalog Nr. D 4018) veröffentlicht, sie schaffte es aber nicht in die Charts.

Mit der gleichen B-Seite, „Somebody groovy" (Dunhill #4020), erschien unmittelbar danach noch im November 1965 „California Dreamin'", der Auftakt zu einer Reihe von Hits, unter anderem „Monday, Monday", „Go where you wanna go" und „Dedicated to the One I love". Er landete in den US-Charts am 12. März 1966 auf Platz 4 und in den UK-Charts auf Platz 23. In Deutschland stieg der Titel am 16. Mai 1966 in die Charts ein, schaffte es nur bis Platz 31 und hielt sich insgesamt drei Wochen.

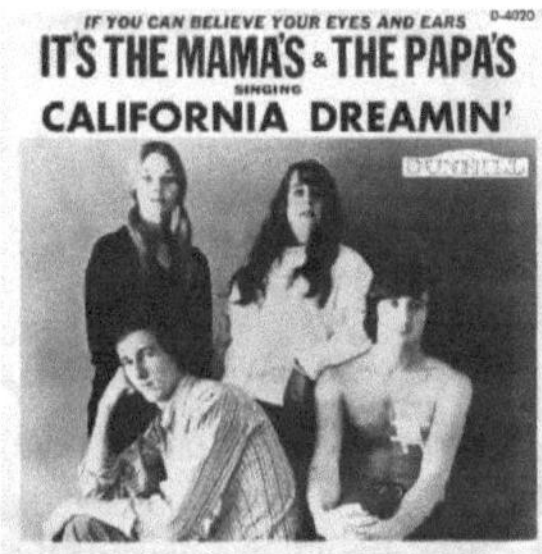

Abb. 7: Die 1965er-Single „California Dreamin'" bedeutete den Durchbruch.

Abb. 8: Das Label des Millionensellers, wie er auf den Plattentellern landete.

„California Dreamin'" kam unmittelbar nach der Barry McGuire-Single auf den Markt und wurde im „Billboard"-Magazin am 25. Dezember 1965 vorgestellt. Die Single gelangte im Februar 1966 in die amerikanischen Top 10 und entwickelte sich im Verlauf des Jahres 1966 zum Millionenseller.[60] Im Juni 1966 wurde die Scheibe mit der Goldenen Schallplatte ausgezeichnet. Das Original von „California Dreamin'" war dann auf der von Barry McGuire am 14. Dezember 1965 erschienenen LP „This precious Time" enthalten. Bud Shank hat am 18. und 25. März 1966 den Song als Instrumental für seine gleichnamige LP aufgenommen.

Der Song befindet sich auf Platz 89 der Liste der 500 größten Songs aller Zeiten des Musikmagazins „Rolling Stone“. Selbst **The Beach Boys**, ebenfalls aus Kalifornien, nur ungleich erfolgreicher, coverten „California Dreamin’“, womit sie im Jahre 1986 Platz 8 der Billboard-Adult-Contemporary-Charts erreichten.

– „Yesterday Man“ in Deutschland vorne –

Als „California Dreamin’“ die amerikanischen Charts stürmte, war die deutsche Hitparade sprachlich recht ausgewogen. Chris Andrews hatte sich mit „Yesterday Man“ allmählich auf Platz 1 vorgearbeitet, wo er sich fünf Wochen lang hielt. Ansonsten fand man im Frühjahr auf den vorderen Plätzen der deutschen Liste Interpreten, wie Drafi Deutscher („Marmor, Stein und Eisen bricht“), Freddy („Abschied vom Meer“), Udo Jürgens („Siebzehn Jahr, blondes Haar“), Marion („Er ist wieder da“), Peter Alexander („Aba Heidschi Bum Beidschi“) und „Ganz in weiß“ von Roy Black, welches am 12. März 1966 in Deutschland Chris Andrews vom Spitzenplatz verdrängte. Die deutschen Top 10 vom 12. Februar 1966 wurden von englisch- und deutschsprachigen Musikern in gleichem Maße besetzt:

1 „Yesterday Man“ von **Chris Andrews**
2 „Marmor, Stein und Eisen bricht“ von **Drafi Deutscher**
3 „We can work it out“ von **The Beatles**
4 „Get off of my Cloud“ von **The Rolling Stones**
5 „Siebzehn Jahr, blondes Haar“ von **Udo Jürgens**
6 „My Generation“ von **The Who**
7 „Er ist wieder da“ von **Marion**
8 „Turn, Turn, Turn!“ von **The Byrds**
9 „Ganz in weiß“ von **Roy Black**
10 „Abschied vom Meer“ von **Freddy**

Die Band **The Mamas and The Papas** betrat Neuland, indem sie erstmals Frauen- und Männerstimmen vereinte. Mit ihrem schwebenden Sound, der Pop und Folk kombinierte, und den lyrischen Texten drückten sie wie kaum eine andere Band das Lebensgefühl der damaligen Flower-Power-Bewegung aus. Auch ihr Leben verschrieben die Bandmitglieder diesem Lebensgefühl. Der Mix aus wohltönenden Harmonien und ausgefeiltem Chorgesang traf den Nerv der Hörerschaft.

Das Debütalbum der **Mamas & Papas**, „If you can believe your Eyes and Ears“, folgte im Februar 1966, in den Vereinigten Staaten bei Dunhill Records und in Großbritannien bei RCA Records. Es wurde die einzige Nummer-1-Scheibe der **Mamas & Papas** in der Liste der „Billboard“-Pop-Alben (Billboard 200). In den zwei Jahren, in denen sich das gerade einmal etwas über eine halbe Stunde lange Debütalbum in den Billboard 200 hielt, verkaufte es sich eine Million Mal.

MINIMUM RECORDING TIME — THIS TAPE IS RECORDED — 15

WESTERN RECORDERS INC.
6000 Sunset Blvd. • Hollywood, Calif.

Date .... File No. .... Reel No. ....
Client ... DUNHILL RECORDS ... Tape Speed: 15 I.P.S.
Program ... THE MAMA'S & THE PAPA'S ... ☒ ONE TR. ☐ TWO TR. ☐ THREE TR. ☐ FOUR TR. ☐ AME ☐ NAB ☐ "A" Set ☐ "B" Set
Engr. ... Studio ... MONO EQ TAPE

TAKE NO.	CODE	TIME	MASTER NO.	TITLE	REMARKS	EDITED BY	DATE
				SIDE ONE 00854.			
		3:03		MONDAY MONDAY			
		2:55		STRAIGHT SHOOTER X			
		2:44		GOT A FEELING			
		2:32		I CALL YOUR NAME			
		2:58		DO YOU WANNA DANCE			
		2:32		GO WHERE YOU WANNA GO	TT 17:00		
				SIDE TWO 00855.			
		2:37		CALIFORNIA DREAMIN'			
		3:22		SPANISH HARLEM			
		2:06		SOMEBODY GROOVY			
		2:21		HEY GIRL			
		2:15		YOU BABY			
		3:10		THE IN CROWD			
					TT 17:10		

TAPE DISPOSITION - Details on Work Order

☐ File ☐ Hold Out ☐ Pickup ☐ Ship

F.S. - False Start N.G. - No Good X - Erased TR. - Track A - First Overdub B - 2nd Overdub C - 3rd Overdub, etc. INT. - Intercut

UHF NO. 3

Magnetic Products Division

Abb. 9: Post-it auf der Blechbox mit den Mono-Masterbändern.

Dunhill Records kündigten das Album mit einer kleinen Vorgeschichte an:

the MAMA'S and the PAPA'S

The Mama's and The Papa's kamen kurz nach ihrer Rückkehr von den Virgin Islands in die Dunhill-Büros. Dort lebten sie in einem Zustand von Semi-Existenzialismus, anders ausgedrückt war das Gras ihr Brot und das Meer ihr Wasser.

Sie errichteten beim Strand im Laub ein Lager, und jeden Tag mochten sie den neugierigen Einheimischen, die sie kannten und liebten, ihre Songs in der Sonne vorsingen. Aber die stählerne Hand der Bürokratie erschien, und wie alle guten Dinge zu einem Ende kommen müssen, so kam es auch hier. Die Park Rangers beschuldigten die Mamas & Papas, auf ihren Stränden Hausfriedensbruch zu begehen, und der Gouverneur der Inseln sagte: „Go!"

Abb. 10: „Das Gras war ihr Brot."

Und so trafen sie bei Dunhill ein und sangen für uns, und wir alle sahen und staunten. Lou Adler, der sie in erster Linie mitgebracht hatte, strahlte väterlich, nahm sie ins Studio und produzierte zwölf Seiten. Eine von ihnen, „California Dreamin'", war ihre erste Platte, die ein enormer Erfolg wurde.

Eine weitere, „Monday, Monday", war ihre zweite Platte, die gleich gut kam. Die anderen befinden sich auf ihrem ersten Album, das auch so etwas wie eine Sensation werden wird.

Aber dann: „The Mama's and The Papa's" SIND eine Sensation. Und Sie brauchen dafür nicht unser Wort. Fragen Sie einfach unsere Konkurrenz.

Lou Adler erklärte gegenüber John Gilliland (1935-1998), der für seine „Pop Chronicles" recherchierte, den Grund für den Namen des Debütalbums: „Der Titel des ersten Albums ist genau so, wie ich fühlte, als ich sie zum ersten Mal sah. Ich konnte es nicht glauben, vier Menschen so zusammenzusehen."

In die britischen Albumcharts schaffte es das RCA-Victor-Album erst am 25. Juni 1966, hielt sich dort 18 Wochen und erreichte Platz 3.[61]

Vom Album-Cover gibt es verschiedene Versionen. Das erste zeigt die Band in einer Badewanne, neben der sich in der Ecke eine deckellose Toilette befindet, bei der Alternative ist die Toilette mit Informationen zum Album überklebt.

„Ein wirklich neuer Sound", fasst die allgemeine Meinung zusammen, die sowohl die Öffentlichkeit als auch die Kritiker von dem Album hatten.[62]

„If you can believe your Eyes and Ears" zählt zu den „100 great albums of the sixties" und neben der Zusammenstellung „16 of their greatest Hits", im August 1969 von Dunhill Records aufgelegt, zu den Meilensteinen der Rockgeschichte.[63]

„If you can believe your Eyes and Ears" blieb für fünf Monate in den Top 100 des „Cash Box"-Magazins und trug dazu bei, dass das Ensemble den 1966 Grammy Award der NARAS (National Academy of Recording Arts & Sciences) in der Kategorie beste stimmliche Leistung – Pop-Gruppe oder Duo – gewann.[64]

Abb. 11: Die spanische RCA Victor-Veröffentlichung von „Monday, Monday".

Abb. 12: Die japanische Victor-Veröffentlichung von „Monday, Monday".

– Mit „Monday, Monday" auf Platz 1 –

Die dritte und letzte Single aus dem Album, „Monday, Monday", wurde im März 1966 veröffentlicht. Sie wurde der einzige Nummer-1-Hit der Band in den USA (7. Mai 1966), erreichte Platz 3 in Großbritannien und war der erste Nummer-1-Hit in Spaniens neuen Los 40 Principales. „Monday, Monday" gewann den Grammy Award für die Best Pop-Performance eines Duos oder einer Gruppe mit Gesang im Jahre 1967. Es wurde auch für die beste Performance durch eine Gesangsgruppe, Best Contemporary Song und Album des Jahres nominiert.

Monday, Monday
Can't trust that day
Monday, Monday
Sometimes it just turns out that way
Oh Monday morning
You gave me no warning
Of what was to be

(Textauszug aus „Monday, Monday")

In Deutschland stieg der Titel am 25. Juni 1966 auf Anhieb auf Platz 3 ein, blieb danach zwei Wochen auf Platz 2 und hielt sich insgesamt 15 Wochen in den Top 10.[65]

Neben „California Dreamin'" (Platz 14) zählt „Monday, Monday" (Platz 22) zu den Top 100 Songs der amerikanischen „Billboard"-Charts des Jahres 1966.[66]

Irrtümlich wurde der Bandname auf sämtlichen ersten Vinyl-Veröffentlichungen auf dem Cover und dem Tonträger „The Mama's and The Papa's" geschrieben.

Abb. 13: Konzertankündigung, KRLA Beat vom 2. April 1966, Seite 17.

Im April 1966 war die Band wieder im Studio, diesmal für die Aufnahmen zu ihrer zweiten Langspielplatte. Laut den noch vorhandenen Studiodokumenten wurden zunächst sechs Songs eingespielt, darunter die Single-Auskopplungen „I saw her again“ und „Words of Love“. „I saw her again“ wurde bereits Ende Juni veröffentlicht. Sie erreichte Platz 1 der RPM Canadian Singles Charts, Platz 11 der UK Singles Charts und am 30. Juli 1966 Platz 5 der Billboard Hot 100 Single-Charts.[67]

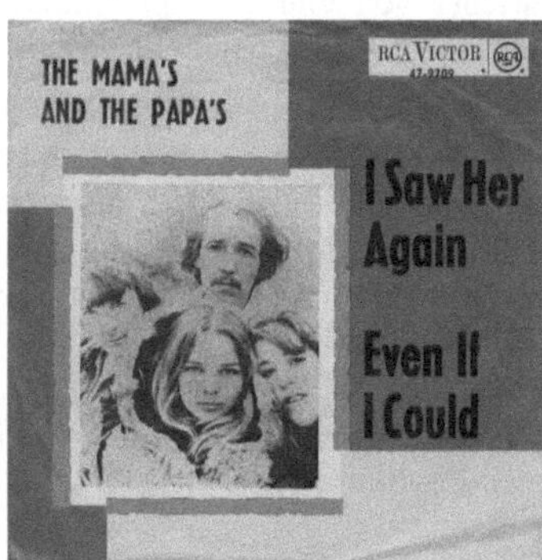

Abb. 14: Die 1966er-Single „I saw her again“ mit dem bekannten Pressefoto.

Abb. 15: Goldene Schallplatte! Nick's Radio Corner vom 23. Mai 1966.

Während des Abmischens der Aufnahme hatte Toningenieur Bones Howe versehentlich den Coda-Gesang zu früh gesetzt. Er spulte zurück und fügte die Vocals in ihre richtige Position ein. Bei der Wiedergabe kann der falsche Anfang der Vocals noch gehört zu werden, sodass es klingt, als ob Doherty die ersten drei Worte des Verses wiederholen würde: „I saw her ... I saw her again last night.“[68] Produzent Lou Adler mochte den Effekt des technischen Fehlers und sagte Bones Howe, er möge es im finalen Mix belassen. „Das muss ein Fehler sein“, sagte Paul McCartney der Band. Niemand sei so clever.[69]

„I saw her again“, geschrieben von John Phillips und Denny Doherty mit Blick auf eine Affäre zwischen Doherty und Michelle Phillips, drückte im Übrigen bereits eine Disharmonie innerhalb der Band aus.

John Phillips Ehe mit Michelle wurde in dieser Zeit einer harten Probe unterzogen, weil eine bereits seit längerem bestehende Liaison zwischen ihr und Denny Doherty immer offensichtlicher wurde. Cass Elliot gab sich eifersüchtig und missgelaunt. Die Situation wurde für die Beteiligten unerträglich, und als sich die Affäre in flagranti bestätigte, verbannte John Phillips seine Frau kurzerhand aus dem Haus. Michelle Phillips hatte sich zudem kurzzeitig mit **The Byrds**-Sänger Gene Clark (1944-1991) eingelassen. Als die beiden während eines Konzertes in der vordersten Publikumsreihe Zärtlichkeiten austauschten, flog sie am 28. Juni 1966 aus der Band.[70]

Kurzerhand wurde Jill Gibson, Partnerin von Produzent Lou Adler, die soeben ihren 24. Geburtstag gefeiert hatte, engagiert. Denny Doherty wurde vor die

Wahl gestellt: die Band oder Michelle. Er blieb, verfiel aber in der folgenden Zeit dem Alkohol.

Abb. 16: Seite 2 des Booklets zur US-Tournee 1966. Am 3., 4. und 5. Juni 1966 trat die Band im Melodyland Theatre in Anaheim auf, mit Simon & Garfunkel als Vorgruppe.

– Plattenaufnahmen mit Jill Gibson –

Von Anfang Juli bis August 1966 nahmen Jill Gibson, Cass Elliot, Denny Doherty, John Phillips und Lou Adler in den Western Studios in Los Angeles die zweite **Mamas-&-Papas**-LP auf, und zwar mit Bones Howe als Toningenieur. 14 Titel wurden für das geplante Album eingespielt, von denen nur zwölf abgemischt wurden.[71]

Die Band war mitten in den Aufnahmen, als Michelle Phillips gefeuert wurde.[72] Als nun Gibson im Boot war, wurden die Songs in den Western Studios neu aufgenommen, aber auch neue Songs eingespielt. Man beschloss, das Album „Crashon Screamon All Fall Down“ zu nennen und es Ende August herauszubringen. Die amerikanische Konsumgesellschaft hatte bereits mehr als eine halbe Million Vorabkopien dieses Albums bestellt, ehe es erschien. Man rechnete mit einem Jahres-Rekord.

Bevor Michelle Phillips gefeuert worden war, hatte man die Band für das Cover ihrer zweiten LP innerhalb des Fensterrahmens eines verlassenen Hauses in der Wüste fotografiert. Das wurde nun vom Label Dunhill Records nachgebessert. Der ursprüngliche Fotograf, Guy Webster, wurde gebeten, Jill Gibson alleine zu fotografieren, und zwar in genau der gleichen Pose wie zuvor Michelle Phillips, um dann eine Fotomontage vorzunehmen. Die Plattenfirma war unzufrieden mit dem fertigen Produkt und veranlasste daher ein ganz neues Albumcover-Foto von Guy Webster. Er schoss nun ein neues mit Gibson, John Phillips, Denny Doherty und Cass Elliot, und zwar mit einem Ventilator draußen auf einer Wiese vor einem weißen Lattenzaun.

Cass Goes to England 'To Get' Beatles' John

Abb. 17: „The Beat“ vom 2. Juli 1966.

Dazu Michelle Phillips später: „Ich fand heraus, dass sie im Begriff waren, das Foto für eine Plakatwand zu verwenden, und ich ging zu Lous Büro und schrie wie am Spieß. ‚Nicht in meiner Heimatstadt‘, sagte ich ihm.“[73]

Das Label war mit dem neuen Album-Cover einverstanden, und es wurde in den Musik-Fachzeitschriften als Werbung für die kommende neue LP sowie auf großen Plakatwänden im ganzen Land verwendet.

TOP POP NEWS

Mama's and Papa's split

Abb. 18: New Musical Express 8. Juli 1966.

Eine Werbekampagne stellte nun Jill Gibson als neueste „Mama“ vor, und bald folgten Artikel in Publikationen, wie dem „Newsweek“-Magazin, die, wo Gibson in einem Artikel über die Band als „skelettartig, modisch, blond und schön“ bezeichnet wurde. Ein Artikel im britischen Magazin „Melody Maker“ trug den Titel „New Mama is definitely Jill“ (Jill ist definitiv neue Mama). Es folgte eine Titelstory über Jill Gibson in der amerikanischen Top-40-Zeitung „KRLA Beat“ vom 23. Juli 1966 mit der Überschrift „Brand New Mama“. Die neue „Mama“ war auch im Zuge mehrerer TV-Shows mit **The Mamas and The Papas** zu sehen, als sie ihre Single „I saw her again“ vorstellten.

– Einige Konzert mit Jill Gibson –

The Mamas and The Papas gaben mit Jill Gibson ein paar Konzerte, so zuerst am 1. Juli 1966 in Dallas, Texas (vom 18. Juni auf den 1. Juli verschoben), und abschließend in Phoenix, Arizona. Weitere Auftritte hatten sie in Forest Hills, New York und Denver, Colorado. **Simon & Garfunkel** waren bei einigen Konzerten Vorband. Es machte den Anschein, als ob die Fans Gibson akzeptiert hätten, und es bereitete ihr augenscheinlich Freude, die Songs in den etwa 40-minütigen Sets zu singen. Nach anderen Erinnerungen, auch von John Phillips, hatte die Chemie innerhalb der Gruppe in der Zusammensetzung nicht gestimmt. Im August 1966 entschied Phillips, es wäre am besten, wenn Gibson ginge und Michelle Phillips zurückkehren würde. Jill Gibson wurde mittels Briefs aus der Feder der übrigen drei **Mamas & Papas** gefeuert. Michelle Phillips räumte später ein, Gibson habe gut gesungen und ihre Aufgabe in der Band sehr gut gemacht.

Jill Gibson erzählte, die Fans hätten bei den Live-Konzerten mit ihr nicht nach Mama Michelle gerufen; nur einmal sei es bei einer Show in Forest Hills, New York, vorgekommen, dass ein männlicher Fan herausgeschrieen habe: „Where's Michelle?" Das „Billboard"-Magazin, das in seiner Ausgabe vom 6. August 1966 das Forest-Hills-Konzert bewertete, sagte, es habe im Publikum eine Reihe von Zwischenrufern gegeben.

Abb. 19: „Look through my Window" erschien im September 1966.

Jill Gibson soll zwar erleichtert gewesen sein, vom Trubel um die Supergruppe Abstand gewinnen zu können, sie erinnerte sich aber an eine Zusage von John Phillips, dauerhaft in der Gruppe verbleiben zu dürfen. Die Band und Dunhill Records gaben Gibson einen nicht genannten Pauschalbetrag für ihre dreimonatige Arbeit als „Mama Jill". Das mit Gibson aufgenommene Album wurde vom Label zurückgehalten, um die rückkehrende Michelle Phillips unterzubringen. Von „Crashon Screamon All Fall Down" mit Jill Gibson wurden offiziell keine Kopien für die Öffentlichkeit freigegeben. Lediglich die in den Umlauf zu bringenden Kopien waren vorab veröffentlicht worden. Die Kopien mit Jill Gibson gelten heute als wertvolle Sammlerstücke. Man nimmt an, dass es zwischen zehn- und 20000 Kopien gibt. Diese Promotionskopien (Promotional Copys) tragen das „Crashon Screamon All Fall Down"-Cover mit Jill Gibson und Cass Elliot hinter und John Phillips und Denny Doherty vor einem weißen Lattenzaun im Außengelände.

Somit hatte das Intermezzo mit der neuen Sängerin gerade einmal zwei Monate gedauert. Bezogen auf die gesamte Lebensdauer der Band waren diese beiden Monate – auf dem Zenit ihrer Karriere – eine wertvolle Zeit, die auch durch anschließende Korrekturen nicht weggeleugnet werden konnte. Phillips nahm seine Frau am 23. August wieder in die Band auf, und Gibson, die sich einige Monate danach als Fotografin beim Monterey-Festival einen Namen machen sollte, erhielt eine Abfindung. Die Eheleute Phillips zogen anschließend in ein eigenes Haus.

Im Jahre 1966 veröffentlichte Trousdale Music Publishing, New York, ein Songbook der **Mamas & Papas** mit Noten von 14 frühen Songs für Klavier und Gitarre, darunter „California Dreamin'", „Monday, Monday", „Dedicated to the One I love", „Go where you wanna go", „Somebody Groovy". Es enthielt auch eine Bandbiografie. Abb. 20 →

– Michelle Phillips singt Spuren neu ein –

Mit Michelle Phillips „back in the mix" wurden mehrere Titel für das zweite Album neu aufgenommen. Sie sagte später, dass sie am Ende keine Ahnung mehr gehabt habe, wer was auf bei den einzelnen Liedern gesungen hatte. Bones Howe und Lou Adler hätten am Ende viel Material für den Endmix gehabt, der ja auch ihre Sache gewesen sei.[74]

Am 30. August 1966 wurde das Album unter dem Namen „The Mamas & The Papas" veröffentlicht. Mit den über den Titel gesetzten Namen „Cass · John · Michelle · Dennie" sollte offensichtlich die Rückkehr zur Originalbesetzung verkündet werden. Auf dem Cover war nun auch wieder Michelle Phillips zu sehen. Lou Adler nannte in seiner Beschreibung den eingebundenen Personenkreis, der sich in etwa mit dem des Debütalbums deckte (im Original in Großbuchstaben):

Musical sounds were made by *Hal Blaines* drums, *Larry Knectels* organ and piano, *Joe Osborns* bass, the guitar sounds by the *Doctor Eric Hord, Tommy Tedesco* and *John Phillips,* the acknowledged leader, among the strange instruments used – one was the electric violin of *Peter Palafain.* The fantastic engineer on this album was *Bones Howe. Henry Lewy* more than helped electronically. Both were assisted by *Bowen David.* The cover and liner notes were of course by *Guy Webster.* Taken at 5:00 AM in the desert. The art work was done by *George Whiteman.* Arrangements are done by head (impromptu) on the session with contributions by everyone –

Lou Adler Producer

Jahre später behauptete Jill Gibson, dass sie zehn der Titel für das zweite Album aufgenommen habe, während Lou Adler noch im gleichen Jahr sagte, es seien nur sechs der Lieder gewesen, darunter „Trip, stumble and fall".[75] Session Blätter der tatsächlichen Aufnahmedaten bescheinigen sieben Songs. Im Jahr 2006 sagte Gibson, sie glaube, dass ihre Stimme auf vielen der Songs geblieben sei. Michelle Phillips sagte, sie wisse nicht mehr, wer auf dem Album gesungen habe, wohingegen Biograph Matthew Greenwald in seinem Buch bestätigte, dass Jill Gibson Teile der LP eingesungen habe und dass sie tatsächlich auf einigen der letzten Spuren der letzten veröffentlichten Version erschienen sei.

Bandbiograph Andy Wickham, der als Assistant des Festivalpromoters Lou Adler nach Monterey ging, schrieb einen Vers zu den Liner Notes zu diesem Album, die bei der RCA Victor-Ausgabe abgedruckt wurden (Auszug):

DUCK-EGG BLUE WAS THE SKY
AND THE TREES FLARED
TALL IN LAUREL CANYON;
OUTSIDE WAS THE HEAVENLY FUNK-BRIGADE,
SMILING IN THE SUNSHINE
SPRAWLING IN THE GRASS
SNIFFING THE BUTTERCUPS WITH TENDER NOSTRILS,
AND SOFTLY SAVOURING ***LES NUAGES;***
LONG BLONDE HAIR AND MINI-MINI-SKIRTS
PATTERNED HIDE BOOTS AND SHABBY DENIM
UNSHAVEN CHINS AND UNSPRAYED HAIR
GOO-GOO EYES AND CHUBBY THIGHS
AND DISTANT MEMORIES OF THE OCEAN AT MONTEREY.
AND INSIDE WAS PAPA JOHN,
TALL, THIN AND PERPLEXED LIKE A RAG DOLL,
WITH MAMA CASS,
LARGE AS LIFE AND TWICE AS NICE,
AND PAPA DENNY,
SMILING SILENTLY AS HE ALWAYS IS,
AND MAMA MICHELLE,
WHO IS BLONDE AND BEAUTIFUL
AND ANGELIC WHEN SHE WANTS TO BE.

– 1966 vierte Goldene Schallplatte –

„The Mamas & The Papas" wurde am 1. Dezember 1966 mit Gold ausgezeichnet und erreichte Platz 4 der Billboard 200, ohne dass Jill Gibson eine Gold-Kopie für sich erhielt. Es war die vierte Goldene Schallplatte für die Band. Im „New Musical Express", der freitags erschien, verlautete dazu am 3. Dezember 1966: „California folk-pop vocal group the **Mamas and the Papas** earn their fourth album, *Cass, John, Michelle & Denny*. Prior gold records were for the singles "California Dreamin'" and "Monday, Monday" and their debut album, *If You Can Believe Your Eyes and Ears*."

Eine zweite Single (ohne Jill Gibson), „Words of Love“, wurde im November ausgekoppelt und erreichte Ende 1966 – als Doppel-A-Seite mit „Dancing in the Street“ (zwei Jahre zuvor ein Hit für **Martha & the Vandellas**) – Platz 5 der Billboard Hot 100, aber nur Platz 47 die britischen Single-Charts (mit „I can't wait“ als B-Seite). Die dritte Single, „Dancing in the Street“, war ebenfalls ohne Gibson. Die vierte und letzte Single aus dem Album allerdings, „Dancing Bear“, wurde über ein Jahr später mit Gibsons Gesang veröffentlicht.

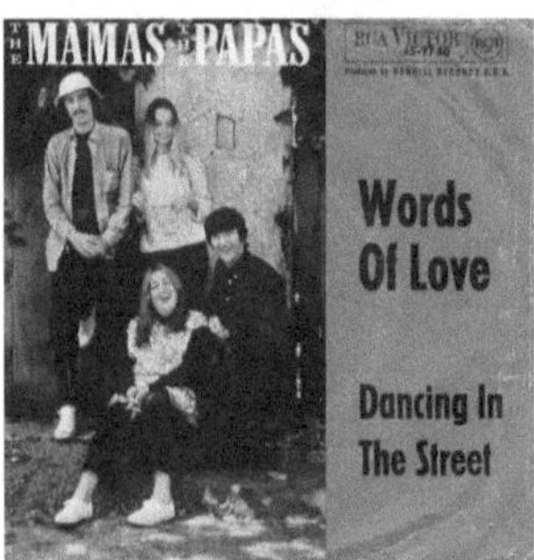

Abb. 21: „Words of Love“ erschien im November 1966.

Der Folk-Pop der Gruppe, die getragenen, männlich-weiblich gemischten Stimmen, die Texte drückten den Flower-Power-Stil aus, wie keine anderen Künstler sie damals wiedergeben konnten. Die Gruppe selbst präsentierte sich auf der Bühne und privat der Richtung entsprechend.

– Musikstil „infektiös“ –

Ein Rezensent schrieb im August 1966 in der „Newsweek“, dass der Stil der Band „infektiös, flippig, stark instrumentiert“ sei und die „rollende Dynamik der Brandung“ erzeugen würde. Im Oktober des gleichen Jahres bemerkte ein „Time“-Rezensent, dass „sie zusammen eine Auftriebskraft stimmlicher Mischung schaffen, die leicht durch komplizierte harmonische Verschiebungen schwebt, liebäugelnd mit Rhythmen, die so frisch und aufmunternd sind wie eine Meeresbrise“.[76]

„LIFE“ widmete der Band in ihrer Ausgabe vom 30. September 1966 eine ausführliche Reportage. Gerald Moore hatte die Musiker bei ihrer letzten Studioarbeit begleitet.[77]

Today, John and Michelle, along with Cass Elliot and Denny Doherty, dwell in the subterranean opulence of Hollywood's Mod Set with bearded boy-millionaires like Lou Adler and Phil Spector. Their performances are sell-outs, and afterward they order champagne. They drive Jaguars and Porsches, and 500,000 copies of their second album were sold in advance, more than anybody since Presley and the Beatles.

„Heute wohnen John und Michelle zusammen mit Cass Elliot und Denny Doherty in der unterirdischen Opulenz des Hollywood-Mod-Set mit bärtigen Knaben-Millionären, wie Lou Adler und Phil Spector. Ihre Auftritte sind Sell-outs, und danach bestellen sie Champagner. Sie fahren Jaguars und Porsches, und 500.000 Exemplare ihres zweiten Albums wurden im Vorfeld verkauft, mehr als bei jedem anderen seit Presley und den Beatles."

MUSIC

These Are the Mamas

Abb. 22: LIFE vom 30. September 1966: „These Are the Mamas".

Die Band begann sofort mit der Arbeit an ihrem dritten Album, das im Herbst 1966 aufgenommen wurde. Die Studioaufnahmen zu „Deliver" leisteten laut den Liner Notes:

Denny Doherty – Gesang
Cass Elliot – Gesang
John Phillips – Gesang und Gitarre
Michelle Phillips – Gesang
Hal Blaine – Schlagzeug und Perkussion
Larry Knechtel – Tasteninstrumente
Jim Horn – Flöte und Saxophon
Joe Osborn – Bass
„Doctor" Eric Hord – Gitarre
P. F. Sloan – Gitarre
Gary Coleman – Perkussion, Glocken und Marimba

Darüber hinaus:

CONSULTING PHYSICIANS: DR. DON ALTFELD / DR. WILBURN SCHWARTZ / DR. LEON KROHN

COVER PHOTO: GUY WEBSTER
LINER PHOTOS: TAD DILTZ

PRODUCED BY LOU ADLER (Sagittarian)

Die erste Single aus dem Album hieß „Look through my Window“ und wurde im September 1966 veröffentlicht, und zwar vor der letzten Single des Debütalbums. Sie erreichte Platz 24 in den USA, gelangte aber nicht in die UK-Charts. Die zweite Single, „Dedicated to the One I love“ (Februar 1967), eine Komposition von Lowman Pauling und Ralph Bass, die ursprünglich 1957 von **The „5“ Royales** aufgenommen und 1959 von **The Shirelles** zum Hit gemacht wurde,[78] kam besser an, sie erreichte Platz 2 sowohl in den USA als auch in Großbritannien.

Am 11. November 1966 spielten **The Mamas and The Papas** in der ausverkauften renommierten „Carnegie Hall“ in New York.

Abb. 23: „Die neue LP von The Mama’s And The Papa’s“: „Deliver“.

Im Februar 1967 erschien die dritte LP, „Deliver“, die sich in den USA sieben Wochen lang auf Platz 2 hielt. Auf ihr befand sich auch die dritte Single, „Creeque Alley“ (April 1967), das mehr oder weniger die Bandgeschichte erzählt. Sie erreichte Platz 5 in den USA und 9 in Großbritannien.

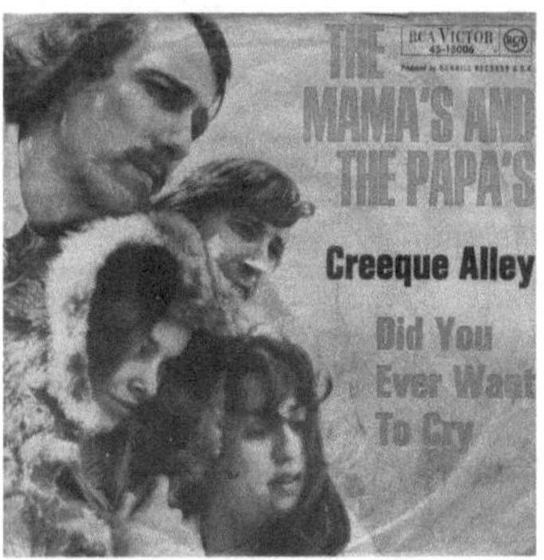

Abb. 24: „Creeque Alley“ erzählt die Bandgeschichte.

Der Erfolg der ersten beiden Single-Auskopplungen half beim Absatz des Longplayers. Das Album war vor allem in Großbritannien vergleichsweise erfolgreich, wo es am 24. Juni 1967 die Charts enterte, sich dort ganze 22 Wochen hielt und es bis auf Platz 4 schaffte.[79] In den USA landete das Album auf Platz 2.

In der „Saturday Evening Post“ vom 25. März 1967 berichtete William Kloman in einem Beitrag über die Band, sie sei der Meinung, dass sie mittels sorgfältig kontrollierter Reihen von Rhythmen eine Publikums-Hysterie hervorrufen könne. Und in der Tat gab es wenig später bei einem Konzert in Phoenix, Arizona, einen Tumult unter den Zuhörern.[80]

Abb. 25: Touring with The Mamas and The Papas.

Ebenfalls im März 1967 brachte Ex-**Mugwumps** Jim Hendricks mit seiner neuen Band, **The Lamp of Childhood**, mit „Two o’Clock Morning“ einen Titel heraus, der sehr an die **Mamas & Papas** erinnerte. Dem Song fehlte aber die Magie der Kompositionen von John Phillips. Dafür wurden aber in dem Jahr endlich die historischen Aufnahmen von **The Mugwumps** von 1964 veröffentlicht.

– Phillips' Komposition „San Francisco" –

John Phillips schrieb in gerade einmal 20 Minuten für seinen Weggefährten Scott McKenzie das Lied „San Francisco (Be sure to wear Flowers in your Hair)". Der Titel war die vierte Single McKenzies und wurde 1967 zum Welthit und zur Hymne der Hippie-Kultur. Der Titel wurde Anfang Mai 1967 im Studio 3 bei Western Recorders in Hollywood aufgenommen. Während Phillips Leadgitarre und Sitar spielte, übernahmen die als „Wrecking Crew" bekannten Sessionmusiker, wie der Pianist Larry Knechtel, Bassgitarrist Joe Osborn und Hal Blaine (Schlagzeug), die übrige Instrumentalarbeit. Cass Elliot bediente die zu hörenden Glöckchen. Der Backing Track blieb zunächst ohne Gesang, denn die Gesangsspur wurde nachts nachträglich in vier Takes im Sound Factory Recording Studio in San Francisco über die Musikspur gelegt. Als Produzenten wurden John Phillips und Lou Adler registriert. Die Single erschien bereits am 10. Mai und landete beispielsweise am 4. September 1967 auf Platz 1 der deutschen Charts, in denen sie sich 26 Wochen hielt. McKenzie hatte noch im gleichen Jahr einen kleineren Hit mit „Like an old Time Movie", der ebenfalls von John Phillips geschrieben und produziert wurde (#27 in Kanada).

Abb. 26: Diese australische EP mit vier Titeln erschien 1967.

Auf dem Monterey County Fairground in Kalifornien fand im Juni 1967 das Monterey International Pop Festival statt. Vor etwa 50 000 Zuhörern traten unter anderem **Simon & Garfunkel, Blood, Sweat & Tears, The Grateful Dead, Jefferson Airplane, Jimi Hendrix, Otis Redding, The Byrds** und **The Who** auf. **Ravi Shankar** spielte mit seinem Ensemble klassische indische Raga-Musik auf der Sitar.

Abb. 27: Das Logo zum Monterey International Pop Festival 1967.

Veranstalter waren John Phillips und der Produzent Lou Adler.[81] Im Organisationskomitee saßen zudem **The Beatles**, der Publizist und Pressesprecher der **Beatles** Derek Taylor und **The Beach Boys**. **The Mamas and The Papas** wurden nach dem Wegfall der **Beach Boys** als Hauptakteure präsentiert, ihr Ruhm schien zu wachsen. Mit ihrem Auftritt wurde das Festival beendet.

– Planungszeit von nur sieben Wochen –

Das Festival wurde – nach siebenwöchiger Planungszeit – vom 16. bis 18. Juni 1967 veranstaltet. Es gilt als musikalischer Auftakt zur so genannten „Hippie-Kultur" („Flower Power", „Love and Peace-Generation"). Einen Dokumentarfilm über das Geschehen herauszubringen, war von Anfang an das Anliegen von Hollywood. Das Festival, dessen Reingewinn mit 430 000 Dollar beziffert wird, wurde als „Monterey Pop" mitgefilmt.[82] Im Jahre 1968 kam dann Donn Alan „D. A." Pennebakers Streifen heraus.

Die Konzerte wurden später teilweise als Live-Mitschnitte auf Langspielplatten veröffentlicht (zum Beispiel **Jimi Hendrix, Otis Redding** und **Ravi Shankar**). Künstlerischer Leiter des Festivals war der Designer und Fotograf Tom Wilkes (1939-2009). Vom gesamten Festival liegt eine ausführlich dokumentierte 4-CD-Zusammenstellung vor.

Dass Popmusiker sich mehr für den Synthesizer anfingen zu begeistern, geht zum Teil auch auf das Festival zurück; der Musik-Pionier Robert Moog (1934-

2005), Erfinder des modernen Synthesizers, hatte dort einen Demo-Stand, der ziemlich viel Aufmerksamkeit auf sich zog.

Absagen für das Festival blieben nicht aus. Brian Wilson von den **Beach Boys**, der mit am Konzept für das Festival gewerkelt hatte, zog die **Beach Boys** quasi in letzter Minute zurück. Die Gruppe hätte das Festival als Hauptattraktion beenden sollen. Es war vorgesehen, dass die Gruppe am Sonnabend, dem 17. Juni, auftreten sollte. Wahrscheinlich war es Brian Wilsons Entscheidung, die **Beach Boys** nicht kommen zu lassen. Einer der offiziellen Gründe besagt, dass sie nicht auftreten konnten, da die Arbeiten zum Song „Heroes and Villains" nicht beendet waren. John Phillips sagte: „Ich glaube, Brian hatte Angst, dass die Hippies von San Francisco **The Beach Boys** nicht anerkennen und eventuell auslachen würden."[83]

The Beatles nahmen die Einladung, live zu spielen, nicht an und wurden daraufhin auch aus dem Organisationskomitee entlassen. Auch **The Rolling Stones** traten nicht auf. Lediglich deren Gitarrist Brian Jones (1942-1969) machte die Bühnenansage für **Jimi Hendrix. Dionne Warwick** musste den Auftritt absagen, da sie an jenem Wochenende bereits Verpflichtungen hatte. Neil Young blieb dem Festival fern, sodass er als Gitarrist und Sänger der Band **Buffalo Springfield** durch David Crosby ersetzt werden musste. **The Kinks** wurden zum Konzert eingeladen und hatten auch zugesagt. Sie erhielten von den USA allerdings kein Visum, da sie mit der amerikanischen Musikergewerkschaft im Streit lagen. **Donovan** erhielt ebenfalls kein Einreisevisum in die USA, da er 1966 gegen das Suchtmittelgesetz verstoßen hatte.[84] **Cream** sagten ebenfalls ab, da ihr Bandmanager für ihr Amerika-Debüt eine andere Auftrittsmöglichkeit im Sinn hatte.

Die Reihenfolge der Auftritte war diese:

Freitag 16. Juni:

The Association
The Paupers
Lou Rawls
Beverly
Johnny Rivers
The Animals
Simon & Garfunkel

Samstag 17. Juni:

Canned Heat
Big Brother and the Holding Company
Country Joe and the Fish
Al Kooper
The Butterfield Blues Band
Quicksilver Messenger Service
Steve Miller Band
The Electric Flag

Moby Grape
Hugh Masekela
The Byrds
Laura Nyro
Jefferson Airplane
Booker T. & the M.G.'s
The Mar-Keys
Otis Redding

Sonntag 18. Juni:

Ravi Shankar
The Blues Project
Big Brother and the Holding Company
The Group With No Name (Cyrus Faryar)
Buffalo Springfield
The Who
Grateful Dead
The Jimi Hendrix Experience
Scott McKenzie
The Mamas and The Papas

Am 16. Juni eröffnete John Phillips das Festival. **The Association** stimmten das Publikum mit ihren Vocal-Pop-Hits „Along comes Mary" und „Windy" ein. Nach **The Paupers** aus Kanada kam der erste unerwartete Gast: **Lou Rawles**, von seinen Produzenten immer in die Schnulzenecke gedrängt, lieferte hier eine mitreißende Kombination aus Stimmakrobatik und rhythmusbetonter Gesangsweise. Die Zuschauer riss es das erste Mal von den Plätzen.[85]

– Durchbruch für Jimi Hendrix –

Der Auftritt beim Monterey Pop Festival brachte für einige Musiker den großen Durchbruch, für **Otis Redding** auch außerhalb der Soulszene, für **Jimi Hendrix** und **The Who**, die bereits in England erfolgreich waren, nun auch in den USA, und für Janis Joplin mit **Big Brother and the Holding Company** war es der Durchbruch überhaupt.[86] Das Festival selbst war das erste in der Reihe der großen (Rock-)Festivals.

Eric Burdon & the New Animals veröffentlichten später das Lied „Monterey" auf dem Album „The Twain shall meet". Im Liedtext erwähnte Eric Burdon einige der teilnehmenden Musiker oder Bands, und musikalisch wurden dazu die jeweiligen Stile kurz imitiert.

Scott McKenzie und **The Mamas and The Papas** beendeten das Festival. Die Schlussnummer, ein Oldie von **Martha & the Vandellas**, beginnt mit der Zeile „Calling out around the world, are you ready for a brandnew beat?" – eine wohl nur rhetorische Frage am Ende dieser drei Tage, die die Popmusik veränderten.[87]

Auf der Bühne sangen und spielten:[88]

John Phillips, Michelle Phillips, Denny Doherty und Cass Elliot: Gesang
Eric Hord: Leadgitarre
John Phillips, Denny Doherty: Rhythmusgitarre
Larry Knechtel: Piano
Joe Osborn: Bass
Eddie Hall: Schlagzeug, Perkussion

Die Einführung kam von Paul Simon von **Simon & Garfunkel.**

Die Belastung für die Band war offensichtlich, betrachtet man die Darbietungen der **Mamas & Papas** beim Festival. Sie waren schlecht einstudiert, teils weil John und Michelle Phillips und Lou Adler mit der Organisation des Festivals beschäftigt waren, teils weil Doherty in letzter Minute von einem anderen Aufenthalt auf den Jungferninseln angekommen war und teilweise, wie es heißt, in der Zeit nach seiner Affäre mit Michelle Phillips stark trank.[89] Sie sammelten Kräfte für ihr bevorstehendes Konzert „at the Hollywood Bowl".

Der Auftritt der **Mamas & Papas** auf dem Monterey-Festival war zugleich einer ihrer letzten.

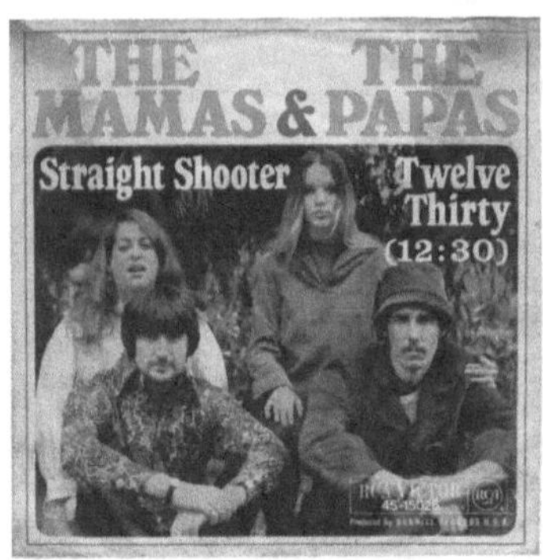

Abb. 28: „Twelve-Thirty (Young Girls are coming to the Canyon)" erschien im Juli 1967.

Am 23. Juli 1967 traten **The Mamas and The Papas** gemeinsam mit **Moby Grape** und der amerikanischen Psychedelic-Rock-Band **The Blues Magoos** in der Convention Hall in Philadelphia, Pennsylvania, auf. Ein Konzertbesucher, T. J. Deluca, erinnerte sich: „(Das) erste Konzert, das ich je besucht habe, war das der Mamas and Papas in Phila. (…) Ich erinnere mich, dass währenddessen, aber nicht als Vorgruppe, Scott McKenzie auftrat, um ‚San Francisco' zu singen. Sie waren sehr bewegt, als sie dem Publikum vom Monterey-Pop-Festival erzählten. Ich denke, der Veranstaltungsort war die Convention Hall im University City-Bereich von Philadelphia, nicht weit vom Zentrum der Stadt entfernt. (…) Sie haben so ziemlich alle bisherigen Hits gespielt und auch andere, wie beispielsweise ‚Straight Shooter'." [90]

– Tonstudio bei Familie Phillips in Bel Air –

Die Aufnahmen für das vierte Album standen inzwischen an. Die Band hatte ihre ersten drei Alben bei United Western Recorders in Hollywood geschnitten.[91] Die letzten beiden wurden in dem Acht-Spur-Studio aufgezeichnet, das John und Michelle Phillips in ihrem Haus in Bel Air eingerichtet hatten – zu einer Zeit, als Vier-Spur-Aufnahmen noch die Norm waren.[92]

Während dies ihm die ersehnte Autonomie gab, beseitigte es auch wieder jegliche externe Disziplin, die von Vorteil gewesen wäre für einen Mann, der sich selbst als „obsessiver Perfektionist" beschrieb. Denny Doherty, Cass Elliot und Lou Adler fanden das Arrangement unkongenial, wie Elliot später im „Rolling Stone" (vom 26. Oktober 1968) angab: „Wir haben uns einen ganzen Monat lang mit einem einzigen Song beschäftigt, allein die Vocals für 'The Love of Ivy' nahmen einen ganzen Monat in Anspruch. Mein [Debüt-Solo-]Album spielte ich in drei Wochen ein, bei insgesamt zehn Studiotagen. Live mit der Band, nicht aufgenommene Tracks, dort mit Kopfhörern sitzen."

Die Aufnahmen für das vierte Album gerieten schließlich völlig ins Stocken, und im September 1967 verkündete John Phillips auf einer Pressekonferenz, dass **The Mamas and The Papas** eine Pause einlegen würden, was sie in der „The Ed Sullivan Show" am 24. des Monats bestätigten.[93]

Insgesamt traten **The Mamas and The Papas** viermal in der „Ed Sullivan Show" auf, und zwar am 11. Dezember 1966 (mit „California Dreamin'" und John Phillips mit seiner übergroßen Fellmütze), 11. Juni 1967, 24. September 1967 und am 24. Juni 1968.

Überhaupt führten **The Mamas and The Papas** einen exzessiven Lebensstil mit Alkohol und Drogen. Erschwerend kamen Cass Elliots unerwiderte Liebe für Denny Doherty und eine ständige Diät von Drogen, namentlich Halluzinogenen, wie LSD, hinzu.

Geplant war, Konzerte in der Royal Albert Hall in London und im Olympia in Paris zu geben, ehe sie sich die Zeit nahmen, auf Mallorca „die Muse wieder in Gang zu bekommen", wie John Phillips sich ausdrückte.[94] Als sie am 5. Oktober 1967 in Southampton andockten, wurde Cass Elliot wegen angeblichen Diebstahls von zwei Decken und einem Hotelschlüssel im Wert von zehn Guineas (28 US-Dollar), den sie im zurückliegenden Februar im Kensington's Embassy Hotel in London begangen haben soll, verhaftet. Sie wurde nach London überstellt, musste eine Leibesvisitation über sich ergehen lassen und verbrachte eine Nacht in einer Westlondoner Polizeizelle in Gewahrsam, bevor der Fall am nächsten Tag vom West London Magistrates' Court abgewiesen wurde.[95] Das Hotel war weniger an den Decken als an einer unbezahlten Rechnung interessiert. Es stellte sich heraus, dass Elliot das Geld ihrem Begleiter, Pic Dawson (1943-1986), anvertraut hatte, der allerdings versäumt hatte, das Konto zu begleichen. Die Polizei ihrerseits war weniger an den Decken oder der Rechnung interessiert als an Dawson, der des internationalen Drogenhandels verdächtig gewesen war, und genau das war „der einzige Gegenstand" ihrer Befragung.[96]

Nach ihrer Freilassung erklärte Cass Elliot den Journalisten: „Ihre Polizisten waren wunderbar, aber ich halte nicht viel von Ihren Gefängnissen. Es gab nicht genug Decken!“[97]

– Big Mama arrested –

Am 4. November 1967 titelte „KRLA Beat“: „Big Mama arrested by Scotland Yard“.

Am 17. August 1967 unterzeichneten die Bandmitglieder einen Vertrag, der die Änderung ihrer Vereinbarung mit Trousdale Music Publishers, Inc. vom 4. Oktober 1965 (aktualisiert am 28. April 1966) zum Gegenstand hatte. in Teilen heißt es da: „Trousdale Music Publishers, Inc. wird das Recht eingeräumt, Wingate Music Corp. alle erworbenen Rechte … zuzuweisen.“ Mitunterzeichner für Trousdale Music Publishers, Inc. (ASCAP), die im Oktober 1967 die Folgesingle „Glad to be unhappy“ veröffentlichten, war der MCA-Paramount-Records-Präsident Larry Newton (1920-2005).[98]

Am 18. August 1967 hatten **The Mamas and The Papas** in dem 18000 Sitzplätze umfassenden „Hollywood Bowl“ in Los Angeles eins ihrer größten Konzerte. Als Vorgruppen: **Scott McKenzie** und **The Jimi Hendrix Experience**. Sie waren dort nicht zum ersten Mal gewesen. Bereits am 30. April 1966 hatten sie dort ein Konzert gegeben.[99]

John und Michelle Phillips betrachteten dieses Konzert als den Höhepunkt der Band-Karriere: „Es würde nie wieder etwas Ähnliches sein.“[100]

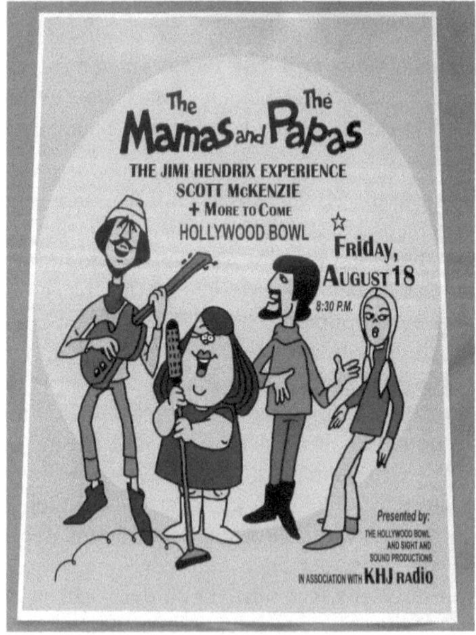

Abb. 29: Live at the Hollywood Bowl 1967.

Am 25. September 1967 unterzeichneten **The Mamas and The Papas** ein Dokument, mit dem ihr Vertrag mit Dunhill Records Inc., 449 So. Beverly Drive, Beverly Hills, Kalifornien, beendet wurde.[101]

Gentlemen:

This will confirm our understanding and agreement with you that the letter agreement dated as of April 28, 1966 between your predecessor in Dunhill Records Ltd. and us (a photocopy of which is annexed hereto) is hereby cancelled and nullified.

Very truly yours,

John Phillips

Michelle Phillips

Denny Doherty

Cass Elliot

Übersetzt: „Dies bestätigt unsere Verständigung und unsere Vereinbarung mit Ihnen, dass die verbriefte Vereinbarung von 28. April 1966 zwischen Ihrem Vorgänger in Dunhill Records Ltd. und uns (eine Fotokopie davon ist als Anlage beigefügt) mit heutigem Datum aufgehoben und annulliert wird."

Am 26. September 1967 unterzeichneten die **Mamas & Papas** ein Dokument, in welchem sie forderten, dass die Lizenzgebühren von Dunhill Records Inc. bezahlt würden. „The undersigned hereby irrevocably instruct and direct you to pay a sum equal to twenty (20%) per cent of any and all royalties payable to us from Dunhill Records, Inc., attributable to the sale of records embodying our performances on master recordings produced by Lou Adler, to Mr. Lou Adler at 800 Stone Canyon Road, Los Angeles, California 90024. All recording costs are to be borne solely by us."[102]

Am 27. September 1967 unterschrieben **The Mamas and The Papas** ein Dokument, mit dem sie ihren Vertrag mit Lou Adler beendeten. Im Gleichen wurde Adler von der Band angeheuert, um ihr Produzent sein und als selbstständiger Unternehmer ihre Aufnahmen zu überwachen, zu leiten und zu produzieren.[103]

Schließlich unterzeichneten **The Mamas and The Papas** am 28. September 1967 einen Vertrag mit Dunhill Records Inc., Trousdale Music Publishers, Inc., und Wingate Music Corp., in dem Trousdale Music Publishers, Inc., sich einverstanden erklärte, ab 1. Oktober 1966 die zehn Prozent Hebegebühren, die bei der Berechnung ihrer Autoren-Lizenzgebühren für das letzte Halbjahr 1966 abgezogen wurden, zu stornieren.[104]

Denny Doherty unterzeichnete auf allen diesen Verträgen mit „Dennis Doherty".

Dunhill Records hatten gewiss gute Gründe, bereits am 21. Oktober 1967 eine „Best of" herauszugeben. „The Best of the Mamas and the Papas: Farewell to the First Golden Era" lautete der Titel der 12 Songs umfassenden Zusammenstellung, von denen lediglich „Got a Feelin'" nicht als Single veröffentlicht worden war. Das Album schaffte es bis auf Platz 5 der Billboard 200, sein Titel hatte allerdings etwas Bedrohliches, wie William Ruhlmann, Rovi Hide synopsis, aus Anlass der Wiederveröffentlichung bei MCA Records schreibt:

Zum Zeitpunkt seiner Veröffentlichung im Oktober 1967 war „Farewell to the First Golden Era" groß für das, was es war, aber bedrohlich, was es mit diesen beiden offensichtlich Eigenschaften im Albumtitel andeutete ...

Abb. 30: „Glücklich, unglücklich zu sein."

– „Glad to be unhappy"–

Ebenfalls erschien im Oktober 1967 mit „Glad to be unhappy" erstmals eine Non-Album-Single, die in den Billboard Hot 100 auf Platz 26 und im „Cash Box"-Magazin auf Platz 23 gelangte.

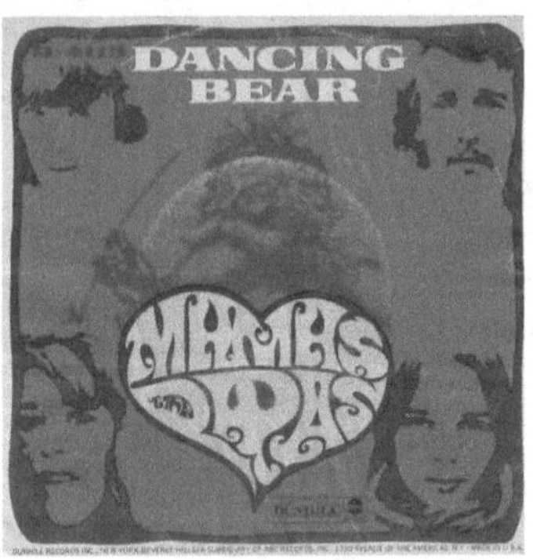

Abb. 31: „Dancing Bear" wurde erst verhältnismäßig spät ausgekoppelt.

Im November 1967 wurde der über 4-minütige Titel „Dancing Bear" als Single veröffentlicht, ein Jahr, nachdem der Titel eingespielt worden war. Er schaffte es lediglich im Dezember auf Platz 51 der US-„Billboard"-Charts und hielt sich insgesamt sieben Wochen in der Liste. In Kanada war der Song drei Wochen lang in den Charts und erreichte dort Platz 39.[105]

Während einer von der Band organisierten Party in London, auf der Cass Elliots Freispruch gefeiert werden sollte, platzte John Phillips in ein Gespräch Elliots mit **Rolling Stones**-Sänger Mick Jagger, in welchem sie ihm über die Ereignisse berichtete, und beleidigte sie auch in Gegenwart weiterer Gäste. „Mick, sie erzählt alles falsch, das ist überhaupt nicht, wie es war", soll er gesagt haben. Cass Elliot „schrie" Phillips an, „bevor sie aus dem Raum stürmte", und gab postwendend ihr Ausscheiden aus der Band bekannt.[106]

Abb. 32: „Dancing Bear" mit dem RCA Victor-Plattencover.

Termine in der Royal Albert Hall und im Olympia wurden abgesagt, und die Vier gingen getrennte Wege: John und Michelle Phillips nach Marokko, Doherty zurück in die Vereinigten Staaten und Cass Elliot entweder zurück in die Vereinigten Staaten (laut John Phillips) oder zu einem Rendezvous in Paris mit Pic Dawson (laut Michelle Phillips). In einem Interview mit „Melody Maker" kündigte Elliot einseitig an, dass **The Mamas and The Papas** aufgelöst seien: „Wir dachten, diese Reise würde der Gruppe etwas Stimulation bringen, aber das war nicht so."

Gerüchte über den Zerfall der **Mamas & Papas** wurden jetzt bereits, Ende 1967, voreilig von Cass Elliot gestreut. Ein dreiviertel Jahr später sollte es Wirklichkeit werden. Elliot koproduzierte in den letzten Monaten des Jahres 1967 ein Album für die Folk-Rock-Band **3's a Crowd** aus Vancouver, British Columbia, welche von 1964 bis 1969 bestand.

Im Oktober 1968 wurde ihr erstes eigenes Soloalbum, „Dream a little Dream", veröffentlicht, und sie hatte im gleichen Monat ein unglückseliges Engagement in Las Vegas.

Die vertraglich geregelte vierte LP konnte nun nicht rechtzeitig fertig gestellt werden, so wurde 1968 vorab ein weiteres „Best of..."-Album vorbereitet, das aber erst im September 1968 bei Dunhill Records erschien, „Golden Era Vol. 2". Mit gerade einmal drei untergebrachten jüngeren Single-Erfolgen („Dream a little Dream of me", „For the Love of Ivy" und „Do you wanna dance") – „Safe in my Garden" (Mai 1968, UK #20, US #53) fehlte – war ein bescheidener Erfolg vorprogrammiert: Platz 53 in den Billboard 200 und Platz 41 im „Cash Box"-Magazin. Wie die Vorgängerzusammenstellung gelangte auch dieser Sampler nicht in die britischen Charts.

Zeitgleich wurde auch in Großbritannien eine Zusammenstellung produziert, „Hits of Gold“. Die Doppel-LP (Stateside 5007) enthielt mit dem Solotitel „California Earthquake“ vom 1968er Cass Elliot-Soloalbum „Dream a little Dream“ (#67 in den Billboard 200) eine kleine Überraschung. Das Doppelalbum platzierte sich nur in den britischen Charts (#7).

Aufgrund der Verträge musste Cass Elliot ihre Arbeit wieder aufnehmen. Und tatsächlich flickten Phillips und Elliot die Dinge nur noch ausreichend zusammen, damit das Album „The Papas & The Mamas“ im April 1968 veröffentlicht werden konnte. Es war relativ erfolgreich in Großbritannien und den USA, obwohl es nicht darum ging, Gold oder die Top Ten in Amerika zu erreichen.

„Twelve-Thirty (Young Girls are coming to the Canyon)“ war bereits im Juli 1967 als Single veröffentlicht worden, es erreichte Platz 20 in den USA, schaffte es aber nicht in die UK-Charts. Bereits in der Woche 21.-27. August 1967 wurde der Titel in KQV's Official „Finest Forty“ (Philadelphia) gelistet.

Abb. 33: „Safe in my Garden“ erschien 1968.

– „Dream a little Dream of Me“ –

Nach der zweiten Single, „Safe in my Garden“ (Mai 1968), die lediglich auf Platz 53 landete, veröffentlichte Dunhill im Juni 1968 Cass Elliots Solo-Lied aus dem Album, ein Cover von „Dream a little Dream of Me“, und zwar unter dem Namen „Mama Cass with The Mamas & The Papas“ – allerdings gegen John Phillips Willen. Ziel der Plattenfirma war, Cass Elliot für ihre Solo-Karriere Vorschub zu leisten. Der Song erreichte Platz zwölf in den USA und gelangte erstmals wieder in die britischen Charts nach fünf Misserfolgen, und zwar auf Platz 11. Es war der einzige Titel der **Mamas & Papas**, der in den UK-Charts höher platziert war als in den USA. Die vierte und letzte Single aus „The Papas & The Mamas“ war „For the Love of Ivy“ (Juli 1968), die in den USA nur auf Platz 81 landete und es nicht in die UK-Charts schaffte.

Bei den Credits heißt es:

Producer: LOU ADLER

Musicians and Friends Include: HAL BLAINE, Percussion; LARRY KNECHTEL, Keyboard; JOE OSBORN, Bass
And sometimes: DR. ERIC HORD (traditionally with his back to the booth)
Recorded at: HONEST JOHN STUDIOS
Engineering Service: F TROOP
Engineer and Mystic: COUNT PILAFF (PETER PILAFIAN)
Mixing: UNCLE LOU and PAPA JOHN
Album Photos: TAD DILTZ
Art Direction/Package Design GARY BURDEN
Tacos: Esperanza

Auf einer Party bei Cass Elliot im Laurel Canyon House in Los Angeles fanden im Juli 1968 David Crosby, Stephen Stills und Graham Nash zusammen, und ihre Erfahrungen in den berühmten Bands **The Byrds**, **Buffalo Springfield** und **The Hollies** sollten bald darauf bei **Crosby, Stills, Nash & Young** zusammenfließen.[107]

Am Ende führten die Liebesaffären, der Drogenkonsum und die von Cass Elliot empfundene allgemeine Respektlosigkeit für sie seitens der anderen Mitglieder unweigerlich zum Ende. „Das Superstar-Business und ihre gigantischen Gagen, die ihnen Luxus-Herbergen in den teuersten Wohnanlagen Hollywoods ermöglichten, zermürbten ihre Gruppen-Solidarität. 1968 zerbrach das Quartett unter psychischem Stress“, schreibt das Rock-Lexikon.[108]

Im August 1968 gab es **The Mamas and The Papas** nicht mehr, das Ende erfolgte zum Höhepunkt der Flower-Power-Zeit.

Bereits zum zweiten Mal kehrte Dunhill zur früheren Studioarbeit der **Mamas & Papas** zurück. In diesem Fall war es „Do you wanna dance“ aus dem Debüt-Album, welches als Single im November 1968 veröffentlicht wurde. Der Titel – ein Remake des Hits von **Bobby Freeman** aus dem Jahre 1958 – erreichte Platz 76, schaffte es aber nicht in die UK-Charts. Cass Elliot nahm in der folgenden Zeit weiterhin für Dunhill auf und hatte mit „It's getting better“ (#30) und „Make your own Kind of Music“ (#36) 1969 kleine Charterfolge.

Michelle und John Phillips verbrachten praktisch jeden Tag „stoned“ durch „Pot“, Amphetamine oder LSD. Sie ließen sich 1968 scheiden, und John ging zu den härteren Sachen über. 1980 wurde er wegen Drogenhandels verhaftet.[109] John Phillips Nichte Patty Throckmorton starb mit 25 an einer Überdosis Drogen. Die Kinder aus der Ehe mit seiner ersten Frau Susan, Sohn Jeffrey und Tochter Mackenzie Phillips (Schauspielerin in der TV-Serie „One Day at a Time“) wurden beide wegen ihrer Drogensucht behandelt. Ehefrau Michelle Phillips trank und konsumierte während ihrer 1960er Ehe mit John Phillips, wie sie in ihrem Buch bestätigte, Marihuana und LSD. John Phillips dritte Frau, das südafrikanische Model Geneviève Waïte, wurde wegen ihres Alkoholismus und ihrer Drogenabhängigkeit (einschließlich Heroin) behandelt.[110]

Als die Plattenfirma zu ABC Records wechselte, wurden die vier Künstler aufgefordert, ihre vertraglich zugesagte fünfte Langspielplatte zu produzieren.

– Versuch eines Comebacks –

Auf Betreiben von Michelle Phillips, die „Geld brauchte“, versuchten **The Mamas and The Papas** im Jahre 1971 ein Comeback. Im Sommer des Jahres fanden sich die Mitglieder, die in der Zwischenzeit an ihren Solokarrieren gearbeitet hatten, zwangsweise noch einmal für ein letztes Album, „People Like Us“, zusammen. Widrigenfalls wären sie zu einer Geldstrafe von einer Million Dollar verurteilt worden.[111]

An der Gesamtproduktion waren laut den Liner Notes auf dem Longplayer damals beteiligt:

Bass: Tony Newton / **Drums:** Ed Greene / Earl Palmer / **Guitars:** David T. Walker / Louie Shelton / Don Peake / **Conga, Tambourine, Shakers and Cabasa:** Miss Bobbye Hall / **Vibes, Steel Drums, Bells, Tambourine, Shakers:** Gary Coleman / **Keyboard:** Joe Sample / Clarence McDonald / John Phillips / **Flute & Saxophone:** Jim Horn / **Medical Aid:** Nurse Regina / Everything Else: Bill Cleary / **Orchestra Arrangements:** Gene Page / **Produced By:** John Phillips / **Recorded At:** The Sound Factory / **Engineered By:** Dave Hassenger / **Assisted By:** Val Garay / Rick Heenan / **Music and Lyrics Composed By:** John Phillips / **“I Wanna Be A Star” *Composed By:** Michelle Phillips / **Cover Photography By:** Henry Diltz / **Liner Photography By:** Bob Jenkins / **Designed By:** Martin McDonald / **Art Direction:** Peter Whorf

„Nurse Regina“ war Cass Elliots persönliche Krankenschwester, die zu den Proben erschien. In dieser Zeit zeigte sich Elliot erschöpft und erkrankt wegen ihrer Crash-Diäten. Darin begründet, war sie nur unregelmäßig im Studio, sodass ihre Stimme auf dem Longplayer weniger im Vordergrund war.

Das Album, das elf Songs von John Phillips und das autobiographische „I wanna be a Star“ von Michelle Phillips umfasste und das die Band später selbst als „ein reines Reunion-Album“ bezeichnete, folgte dem alten Erfolgsrezept und verfehlte dennoch den Musikgeschmack. Dunhill Records veröffentlichte es im Oktober (Dunhill LP 50106). Dieses letzte offizielle Album konnte qualitativ nicht mit den früheren mithalten und erreichte bei weitem nicht die früheren Verkaufszahlen: Es schaffte es nur auf Platz 84 der Billboard 200 und auf Platz 45 des „Cash Box“-Magazins.

– Kühle Kritik am Reunion-Album –

Kritik und Kommerz begegneten dem „Reunion-Album“ eher kühl. Übereinstimmend mit den meisten Rezensenten schrieb „Crawdaddy“: „Die Gruppe hat immer noch ihren höchst charakteristischen Gesangsstil, aber dessen Reiz ist dünn geworden. Die Zutaten stimmen, aber keiner der Beteiligten ist vom alten Enthusiasmus beseelt.“[112]

Auch die Mitglieder der **Mamas & Papas** selbst waren offenbar unzufrieden mit den Ergebnissen. Immerhin hatte man ja auch nur seiner Vertragspflicht Genüge getan. Der Sound des Albums entsprach auch nicht ihrer bisherigen Arbeit – kaum verwunderlich angesichts der dreijährigen Lücke und des Fehlens von Lou Adler als Produzent.

Seit 2012 ist eine Wiederveröffentlichung dieses Werks als Deluxe Expanded Edition erhältlich. Die Neuauflage enthält zusätzlich neun unveröffentlichte Bonustitel, darunter die vollständige Albumversion von John Phillips Singleerfolg von 1970, „Mississippi“ (Billboard #32), und seine seltene Solosingle von 1972, „Revolution on Vacation“. Grundlage der Zusammenstellung bildeten die Original-Master-Bänder, dazu kam ein 16-seitiges Booklet mit seltenen Fotos und umfangreichen Liner Notes von Richard Barton Campbell.[113]

Eine geplante Europa-Tournee kam danach nicht zustande. Die Band trennte sich endgültig nach den Aufnahmen.[114] Auch die Solokarriere von Mama Cass geriet damals ins Stocken, was vor allem in Cass' Drogen- und Alkoholexzessen begründet lag.

Die einzige Singleauskoppelung, „Step out“ (Januar 1972), gelangte im Februar 1972 auf Platz 81 der US-Charts.

Auf einer von Senator James L. Buckley am 30. Juli 1973 in New York organisierten Pressekonferenz verkündeten die ehemaligen Mitglieder der Band eine 9-Millionen-Dollar-Klage gegen ABC-Dunhill Records. Phillips behauptete in einer Presseerklärung, dass das Label verantwortlich sei für „systematischen, kaltblütigen Diebstahl von bis zu 60 Millionen Dollar von jedem Künstler, der für sie im Verlaufe eines 7-Jahres-Zeitraums aufgenommen habe“. Das Label antwortete, die Anschuldigungen seien unbegründet.[115]

Im März 1973 gelangte die neue **Mamas-&-Papas**-Zusammenstellung „20 Golden Hits“ (Doppel-LP) auf Platz 186 der Billboard 200. Interessant: MCA Records veröffentlichte vom „Reunion-Album“ lediglich den Einstiegstitel „People like us“.

Nach der Trennung

Im Jahre 2001 erschien unter dem Namen „Straight Shooter“ die autorisierte Videobiografie der **Mamas & Papas**. Auf dem Cover verlautete: „Mama Cass und Papa John leben nicht mehr, aber sie und Michelle & Denny hinterlassen ein einzigartiges musikalisches Erbe.“

– Trauriges Wiedersehen bei Beerdigung –

Am 2. August 1974 kam es zum traurigen Wiedersehen mit den alten Bandmitgliedern auf der Beerdigung Cass Elliots, die kurz zuvor an einem Herzinfarkt verstorben war. Auf Dohertys zweiter Solo-LP, „Waiting for a Song“ (im selben Jahr produziert), war sie zusammen mit Michelle Phillips letztmalig als Backgroundsängerin zu hören.

Im Jahre 1977 brachte es die Arcade-Zusammenstellung „The Best of The Mamas & Papas“ noch einmal auf Platz 7 der UK-Charts. Unter den 20 Titeln, die diesmal auf einer einzigen Platte vereint waren, befand sich anstelle von „Step out“ erneut „People like us“.

1982 gründeten John Phillips und Denny Doherty eine neue Gruppe namens **The (new) Mamas and the Papas**, der neben diesen beiden Originalmitgliedern noch Phillips’ Tochter Mackenzie Phillips und Elaine „Spanky“ McFarlane (Ex-**Spanky and Our Gang**) angehörten. Die Idee kam von John Phillips bereits im Jahre 1980, drei Jahre nach seiner letzten Studioarbeit. „Ich bekam einen Juckreiz und holte zum ersten Mal seit Jahren die Gitarre wieder hervor“, sagte er. Die erste Person, die er zu kontaktieren gedachte, war Denny Doherty, der zu der Zeit schauspielerisch in seiner Heimatstadt Halifax tätig gewesen war. Doherty eilte prompt nach New Jersey, um John Phillips zu treffen.[116]

Die Erfolge blieben aus, die Gruppe tourte einige Jahre mit wechselnden Besetzungen (Scott McKenzie, Barry McGuire). „Good Times“ vermeldete noch in ihrer Ausgabe vom Februar 1998:[117]

*In der neuesten Besetzung der **MAMAS & PAPAS** sind keine Original-Mitglieder mehr dabei. Die Parts von „Papa“ John Phillips und Denny Doherty haben nun **SCOTT** „San Francisco“ **MCKENZIE** und **BARRY** „Eve Of Destruction“ **MCGUIRE** übernommen+++*

Wegen Erfolglosigkeit trennte man sich bald wieder.

Am 12. Januar 1998 wurden Cass Elliot, John Phillips, Denny Doherty und Michelle Phillips in die Rock and Roll Hall of Fame für ihr Werk als **The Mamas and The Papas** aufgenommen. John, Michelle und Denny sangen „California Dreamin’“.

– 1998: Rock and Roll Hall of Fame –

1998 wurde Phillips in New York City, um die Rock and Roll Hall of Fame aufgenommen, mit ihren Bandkollegen. Zum ersten Mal nach mehr als zwei Jahrzehnten performten Michelle Phillips, John Phillips und Denny Doherty gemeinsam „California Dreamin’“. Später, 2002, sangen Michelle Phillips und Denny Doherty noch einmal gemeinsam live, diesmal aus Anlass der Einführung in die Vocal Group Hall of Fame (in die die **Mamas & Papas** bereits 2000 aufgenommen worden waren).[118]

„Good Times“ hatte in ihrer Ausgabe vom Mai 2000 wieder „News“ von sich zu geben:

***Mamas & The Papas** / John Phillips, Michelle Phillips, Denny Doherty und Cass Elliots Erben haben die Rechte an der Geschichte der **Mamas & The Papas** dem Vernehmen nach für etwa eine Million Dollar an 20th Century Fox verkauft. Die Firma plant, die Geschichte der Band unter dem Titel "California Dreamin'" zu verfilmen. Noch nicht geklärt sind die Filmrechte für das Projekt. Michelle Wilson (sic!) hatte bereits 1987 ihre Memoiren veröffentlicht, während Ex-Mann John sein Buch "Papa John" im Jahre davor herausgebracht hatte+++*

Im März 2001 starb John Phillips an Herzversagen. Im Januar 2007 verstarb Denny Doherty an einer Arterienerweiterung. Damit ist Michelle Phillips das einzige noch lebende Gründungsmitglied.

Cass Elliot

Obwohl man sich ihrer wahrscheinlich immer zuerst wegen ihres Wirkens als Mitglied der **Mamas & the Papas** erinnern wird, hatte Cass Elliot eine überraschend produktive – wenn auch abgekürzte – Solo-Karriere, nachdem die Gruppe 1968 zu bestehen aufhörte. Sie veröffentlichte zwischen 1968 und ihrem Tod im Jahr 1974 fünf Alben und ein weiteres im Februar 1971 gemeinsam mit Dave Mason. Sie hinterließ ein größeres musikalisches Erbe als allgemein bekannt.

Cass Elliot hatte 1969 und 1973 zwei eigene Prime-Time-TV-Specials, aber die meisten Menschen erinnern sich an ihre Dutzenden von TV-Auftritten in den frühen 1970er-Jahren mit Mike Douglas, Julie Andrews, Andy Williams, Johnny Cash, Red Skelton, Ed Sullivan, Tom Jones, Carol Burnett und anderen. Sie war Gast-Gastgeberin in „The Tonight Show", hatte erfolgreiche Stationen in Las Vegas und nahm in diesen Jahren auch weiterhin für RCA auf.

Nach der Auflösung von **The Mamas and The Papas** 1968 und der Geburt ihrer Tochter Owen im Jahre 1967 versuchte sich Cass Elliot an einer Solokarriere. „It's getting better" und „Make your own Kind of Music" zählen zu ihren bekannten Solo-Hits.

– TV-Shows auch mit Johnny Cash –

Neben den zwei Solo-Alben „Dream a little Dream" (1968) und „Bubble Gum, Lemonade & .... Something for Mama" (1969) nahm sie 1970 ein Duett-Album mit Dave Mason auf, sang in TV-Shows zusammen mit Johnny Cash (1932-2003) und Julie Andrews (* 1935) und trug unter anderem zu den Soundtracks für die Filme „Pufnstuf" (1970) und „Doctors' Wives" (1971) bei.

Abb. 34: Cass Elliots Debütalbum trug den Titel „Dream a little Dream".

Ironischerweise wurde eine der letzten ihrer Aufnahmen mit **The Mamas and The Papas**, „Dream a little Dream of me", ihr erster und zugleich größter Hit und ebnete ihr den Weg für eine Solokarriere. Die Band hatte den Song bereits für das im April 1968 erschienene Album, „The Papas & The Mamas", aufgenommen. Die Gruppe hatte das Lied bereits öfters gesungen, nachdem Bandmitglied Michelle Phillips es den anderen vorgestellt hatte. Deren Vater war noch aus Mexico City-Zeiten mit Fabian Andre (1910-1960), der mit Wilbur Schwandt die Musik für das Lied geschrieben hatte, befreundet gewesen.

„Dream a little Dream of me“ war bereits am 16. Februar 1931 von Ozzie Nelson (1906-1975) und seinem Orchester erstmals aufgenommen worden.

Im Juni 1968 brachte Dunhill Records die Single heraus. Als Interpret wurde dabei „Mama Cass with the Mamas and the Papas“, in der britischen Auflage lediglich Mama Cass angegeben. In der US-Presse wurde mit einem Foto für die Single geworben, auf dem eine dezent, aber doch offenkundig nackte Cass Elliot zu sehen war, die auf einem Bett aus Gänseblümchen lagt. „Dream a little Dream of me“ stieg im August 1968 auf Platz 12 in der US-Hitparade „Billboard Hot 100“. In Großbritannien erreichte der Song im September 1968 Platz 11 und ließ damit die am 26. Juli 1968 veröffentlichte Coverversion von Anita Harris (Platz 33) hinter sich. Das Lied wurde knapp sieben Millionen Mal verkauft. National Public Radio nahm „Dream a little Dream of me“ in seine Liste der hundert bedeutendsten amerikanischen musikalischen Werke des 20. Jahrhunderts auf. Eine Alternative des Millionensellers wurde auf Cass Elliots Solo-Debüt-Album, „Dream a little Dream“, veröffentlicht.

Am 14. Oktober 1968 gab Cass Elliot ihr Live-Solo-Debüt als Solistin in dem Spielerhotel „Caesar's Palace“ in Las Vegas, NV. Für drei Wochen war sie engagiert worden, für 40000 Dollar je Woche bei zwei Shows pro Nacht.

Als Vorbereitung auf diesen Soloauftritt hatte Elliot eine anstrengende Diät gemacht, bei der sie zwar in wenigen Monaten 110 Pfund an Gewicht verlor; sie brach aber in der ersten Nacht auf der Bühne zusammen und unterzog sich einer klinischen Behandlung.[119] Sie cancelte den zweiwöchigen Gig nach einer Show wegen Mandelentzündung und mangelnder Generalprobe.

Wie sie selbst angab, habe die Gewichtsabnahme zu einem Magengeschwür und Halsproblemen geführt, was sie durch das Trinken von Milch und Sahne behandelt habe (wodurch sie erneut 50 Pfund zulegte). Etwa drei Wochen vor der ersten Aufführung fesselte sich die nervöse Sängerin an ihr Bett, während ihr musikalischer Leiter, die Band und der Produktionsleiter gemeinsam versuchten, in ihrer Abwesenheit eine Show zusammenzustellen. Geplant war, volle drei Tage vor der Show zu proben, Cass Elliot schaffte aber nur einen Teil davon, ehe sie sagte, dass sie ihre Stimme verlieren würde. Sie übersprang den Rest der Proben und trank Tee mit Zitrone in der Hoffnung, sich zu erholen und fit für die Eröffnungsvorstellung zu sein.

Die Cass Elliot-Single „Make your own Kind of Music“ war eine Komposition von Barry Mann and Cynthia Weil. Das Lied ist auf ihrem 1969er-Album, „Bubblegum, Lemonade and Something for Mama“, zu finden.

Schlechte Unterstützung der Produktion und „geistloses Schreiben“ für das ABC's Mama Cass Elliot Television-Special am 26. Juni 1969 führten erneut zu schlechten Kritiken.

„Dave Mason & Cass Elliot“ war die einzige Teamarbeit von Dave Mason und Cass Elliot. Das Album wurde von beiden Musikern produziert, 1970 aufgenommen und von Blue Thumb Records veröffentlicht.

– Dave Mason & Cass Elliot –

Nachdem sie ein gemeinsamer Freund miteinander bekannt gemacht hatte, beschlossen Mason und Elliot, gemeinsam professionell zu singen. Cass Elliot hatte zu dieser Zeit bereits zwei Solo-Alben veröffentlicht und hatte den Wert gemeinsamer Musikproduktion noch nicht schätzen gelernt. Dave Mason, als ehemaliger Bassist von **Traffic** gerade in den USA angekommen war, zeigte sich interessiert an einer frischen Zusammenarbeit.

Trotz der Produktion auf Augenhöhe waren Cass Elliots Beiträge am Ende auf den Background-Gesang bei mehreren der Songs beschränkt, zudem mit einem eher rauen Stimmcharakter der Sängerin. Gegenüber dem „Rolling Stone“ sagte Elliot: „Ich singe besser mit David, weil er so gut ist. Du willst es besser machen. Ich singe Noten, die ich nie mit den **Mamas & Papas** gesungen habe.“

Die Musik fällt in den harmonischen Country-Rock-Sound seiner Zeit, allerdings mit einem etwas bluesigeren Touch. Mason schrieb fünf der Songs auf dem Album, während Elliot Koautorin von zwei Titeln war: der Single „Something to make you happy“ und ihres einzigen Solostücks auf dem Album, „Here we go again“. Es war das erste Mal, dass Elliot sich ans Songwriting gemacht hatte seit ihren Tagen mit **The Big 3** und **The Mugwumps**, und sollte zugleich das letzte Mal sein.

Abb. 35: Cass Elliot auf einem Foto von 1972.

Im Aufnahmestudio unterstützten Bryan Garo am Bass, Russ Kunkel am Schlagzeug und Paul Harris an den Keyboards und Streichinstrumenten.

Das Album wurde im März 1971 veröffentlicht und war ein mäßiger Erfolg, der auf dem Platz 49 der Billboard Hot 100-Charts landete. Um das Album zu promoten, traten Mason und Elliot gemeinsam in „The Tonight Show" und „The Andy Williams Show" auf. Sie gaben auch zwei Konzerte, das erste im Santa Monica Civic Auditorium und das zweite in New York's Fillmore East. Obwohl Mason und Elliot enge Freunde blieben und beide ein Interesse an weiteren gemeinsamen Aufnahmen bekundeten, blieb dies ihre einzige Zusammenarbeit.

Zwei Singles wurden ausgekoppelt. „Something to make you happy" wurde im Januar 1971 veröffentlicht, mit „Too much Truth, too much Love" folgte im folgenden Monat die zweite.

British Rev-Ola Records legten das Album 2008 erneut auf.

– 1972: Neubeginn ihrer Karriere –

Nach der endgültigen Trennung von **The Mamas und the Papas** sollte das Jahr 1972 für den Neubeginn ihrer Karriere stehen. Es folgten drei weitere Soloalben: das nach ihr selbst benannte Album „Cass Elliot" (mit diesem Titel wollte sie ihr „Mama Cass"-Image hinter sich lassen), „The Road is no Place for a Lady" und der Konzertmitschnitt „Don't call me Mama anymore". Erfolge in den Single- oder Albumcharts blieben allerdings aus. Lediglich „(If you're gonna) Break another Heart" landete 1972 in den UK-Charts auf Platz 54.

In Europa hatte Cass Elliot 1974 mit ihrer Soloshow großen Erfolg. Die Konzerte im London Palladium waren zwei Wochen lang ausverkauft, der Showerfolg brachte ihr Angebote für Film- und Fernsehauftritte. Es gab auch Pläne für ein neues Album, die sie aber nicht mehr verwirklichen sollte.[120] Cass Elliot starb während ihrer Konzerte in der Wohnung des befreundeten Musikers Harry Nilsson, 9 Curzon Place, Flat 12.

Eines Abends, als sie wieder an der Spitze ihrer Karriere angelangt war, trat Elliot im seit zwei Wochen ausverkauften Londoner Palladium auf und berichtete Michelle Phillips, zu der sie noch intensiven Kontakt pflegte, am 28. Juli 1974 aufgeregt über ihren neuen Erfolg und dass sie jeden Abend Standing Ovations erleben dürfe. Nach ihrem Gespräch begab sich Elliot zur Nachtruhe. In der Nacht erlitt sie am 29. Juli 1974 eine Herzattacke und starb mit nur 32 Jahren im Schlaf. Sie wurde tot im Schlafzimmer gefunden.

In den darauf folgenden Tagen berichtete die Weltpresse über den großen Verlust in der Musikwelt. Aus heiterem Himmel tauchten Spekulationen auf, Cass Elliot sei an einem Schinken-Sandwich erstickt. „The Pittsburgh Press" titelte am 30. Juli 1974: „Star Dead at 31 – Mama Cass Chocked, Autopsy Hints". „Cass Elliot, top singer dead at 33", heißt es im AP. report in „Vallejo Times-Herald" (Kalifornien) vom 30. Juli 1974. „The Times" brachten das Gerücht in den Umlauf: „Pathologist raises query on ‚Mama' Cass death" (Pathologe stellt Mama Cass' Todesumstände infrage), war der Titel des kurzen Beitrags vom 31.

Juli 1974, in dem auf den mit der Autopsie betrauten Professor Keith Simpson (1907-1985), einen der führenden britischen forensischen Pathologen seiner Zeit, Bezug genommen wurde.

Am 6. August 1974 revidierten „The Times" – für die Wahrnehmung in der Bevölkerung bereits zu spät – ihre Aussagen und wies in der Überschrift zu einem Beitrag darauf hin, dass Adipositas (Fettleibigkeit) zu ihrem Tod geführt habe. In der Tat verlautete auf der Sterbeurkunde:[121]

Cause of death

Fatty myocardial degeneration due to obesity

Natural Causes

– Beerdigung am 2. August 1974 –

Cass Elliots Leichnam wurde zurück in die Vereinigten Staaten geflogen, er wurde im Zuge einer der letzten Verbrennungen auf dem ehemaligen Hollywood Memorial Park kremiert und am 2. August 1974 zur letzten Ruhe geleitet.

Fast 400 Personen nahmen an Cass Elliots Beerdigung auf dem Mount Sinai Memorial Park in Los Angeles teil, darunter ihre Mutter, Michelle Phillips, Geneviève Waïte und John Phillips. Ihre letzte Ruhe fand Cass Elliot in der Grabstelle 2F, Court of Tanach, Lot 5000.

Die Legende, sie sei an einem Schinken-Sandwich erstickt, hat sich bis heute erhalten. Wahr ist, dass die seit ihrer Jugend stark übergewichtige Cass Elliot ihr Herz bei Versuchen, ihr Gewicht durch Schockdiäten zu reduzieren, so stark geschädigt hatte, dass sie schließlich einer Herzschwäche erlag.[122]

„pop EXPRESS – Die Zeitung in der Zeitschrift – Pfeilschnell, brandheiß, superaktuell", eine 16-seitige Beilage zum „Pop Magazin", schrieb auf der Titelseite ihrer Ausgabe vom 29. August 1974: „**Mama Cass ist tot** / Die ehemalige Sängerin der Mama's & Papa's starb in London an Kreislaufversagen".

Am gleichen Ort starb kurioserweise vier Jahre später, am 7. September 1978, ein weiterer prominenter Musiker, der Schlagzeuger von **The Who**, Keith Moon, ebenfalls im Alter von 32 Jahren. Er hatte dort allerdings 32 Tabletten Clomethiazol (Heminevrin) geschluckt.

Cass Elliot hatte von 1968 bis 1973 acht Solo-Alben veröffentlicht und auf Platten einiger anderer Künstler mitgesungen. Sie war in zweiter Ehe 1971 mit Baron Donald von Wiedenman verheiratet (ein Kind). Ihre Tochter aus erster Ehe, Owen Elliot-Kugell, geboren am 26. April 1967, ist ebenfalls Sängerin und tourte mit Ex-**Beach Boys**-Mitglied Al Jardine.

Als Jonathan Harveys Coming-out-Theaterstück „Beautiful Thing" 1996 zur Verfilmung anstand, entschied sich Regisseurin Hettie MacDonald für einen Soundtrack aus insgesamt 15 Aufnahmen der **Mamas & Papas**. Mama Cass ist dort das Idol der Heranwachsenden Leah (gespielt von Tameka Empson), die Ausschnitte ihrer Lieder singt.

In den letzten Jahren erlebte ihr Song „Make your own Kind of Music“ durch die Mystery-Serie „Lost“ unter deren Fans ein Revival, da er die zweite Staffel einleitete und später an verschiedenen Schlüsselszenen bezüglich der Figur Desmond Hume immer wieder auftauchte.

Am 27. März 2007 erschien das frühe Gesamtwerk Cass Elliots auf einer Doppel-CD: „The Complete Cass Elliot Solo Collection 1968-71“. Sie beinhaltet Material aus ihren ersten beiden Solo-Alben (sowie damalige Singles, wie „Make your own Kind of Music“ und „New World coming“). Der beteiligte Personenkreis: Recording information: Western Recorders, Illustrator: Tom Early, Fotograf: Henry Diltz, Unknown Contributor Role: Thane Tierney, Arranger: Jimmie Haskell, Personnel: Ben Benay (Gitarre, Mundharmonika), Mike Deasy (Gitarre), Red Rhodes (Steel-Gitarre), Jimmie Haskell (Akkordeon), Larry Knechtel (Klavier, Orgel), Hal Blaine (Schlagzeug, Percussion), Phil Kaye, Steve Barri (Percussion), Liner-Hinweis-Autoren: Richard Barton Campbell und Owen Elliot-Kugell.

John Phillips

John Phillips erstes Solo-Album war das von Country-Musik beeinflusste Album „John Phillips (John The Wolfking Of L.A.)“, das am 25. Januar 1970 veröffentlicht wurde. Unterstützung hatte er erhalten von Buddy Emmons (Pedal-Steel-Gitarre), James Burton (Gitarre, Dobro), Red Rhodes (Steel-Gitarre), Darlene Love (Gesang), Fanita James (Gesang), Jean King (Gesang), Gordon Terry (Fiddle, Violine), Hal Blaine (Schlagzeug), David Cohen (Gitarre), Dr. Eric Hord (Gitarre), Larry Knechtel (Tasteninstrumente) und Joe Osborn (Bass).[123]

– „Mississippi“ Platz 32 in den USA –

Das Album war kein kommerzieller Erfolg, abgesehen von der Single „Mississippi“, die Platz 32 in den USA erreichte. Trotzdem genoss es eine günstige Kritik. „Rolling Stone“ gab ihm vier Sterne, als es im Jahr 2006 neu aufgelegt wurde, und nannte es „einen echten verlorenen Schatz“. Denny Doherty sagte, wenn die **Mamas & Papas** das Album aufgenommen hätten, wäre es ihr bestes gewesen. Phillips schrieb Songs für den Soundtrack zu „Brewster McCloud“ (Robert Altman, 1970).[124]

Der von Lou Adler produzierte Soundtrack war eine unruhige Mischung aus lauwarmem Folk-Rock, weltlichem Gospel-Soul, instrumentaler Bühnenmusik und ein paar (vermutlich absichtlich) komisch-schrecklichen Gesangseinlagen. Obwohl den Beiträgen von John Phillips auf dem Cover Rechnung getragen wird, findet man sie tatsächlich auf weniger als die Hälfte der Spuren, sodass das Album nicht als echte Phillips-LP klassifiziert werden kann. Er schrieb das Meiste von Seite 1 und sang drei der Songs, mit dem kurzen „Promise not to tell“ hallten seine Pre-Mamas & Papas-Folk-Zeiten. Phillips schrieb auch einige merkwürdige, eher vom Gospel angehauchte Stücke, die von Merry Clayton, die ebenfalls die schwarze Nationalhymne „Lift every Voice and sing“ singt, gesungen werden. Seite 1 wird eingeleitet von einer Halb-Minuten-Version von „Rock-a-bye Baby“ von der damals 32 Jahre alten Schauspielerin Sally Keller-man. Seite 2 startet mit einer der heftigsten Versionen von „The Star Spangled Banner“ überhaupt, interpretiert von Margaret Hamilton (1902-1985) mit der Jack Yates High School Band. Gene Page’s Orchester übernimmt den Bärenteil der folgenden Spielzeit.

Noch im gleichen Jahr schrieb Phillips die Original-Musik für den Soundtrack zum Film „Myra Breckinridge“ (Michael Sarne, 1970).[125]

Er lernte die südafrikanische Schauspielerin Geneviève Waïte kennen, mit der er am 14. März 1971 Sohn Tamerlane („Tam“) bekam, der später Songwriter wurde. Beide trafen 1971 auf den „King of Rock’n’Roll“, **Elvis Presley** (1935-1977), heirateten am 31. Januar 1972 und verlegten ihren Lebensmittelpunkt 1973 nach London, wo sie mit ihrem Kind ein Haus in Glebe Place, Chelsea, bewohnten.

John Phillips schrieb in den 1970er-Jahren Musik für einige Filme sowie das „Musical Space“, das nach schlechten Kritiken abgesetzt wurde. Im Winter 1974/75 schrieb er für den von Andy Warhol (1928-1987) produzierten Broadway-Musical-Flop „The Man on the Moon“, in dem er und seine zweite Frau, Geneviève Waïte, auftreten wollten, 28 Songs. 1975 bekam Phillips den Auftrag, den Soundtrack für den Film „Der Mann, der vom Himmel fiel“ (1976, mit **David Bowie**) von Nicolas Roeg zu komponieren.[126]

John Phillips schrieb auch Lieder mit anderen und für andere Künstler, darunter die meisten der Titel auf dem Album „Romance is on the Rise“ von seiner damaligen Frau, Geneviève Waïte, das er auch produzierte und das im Juli 1974 erschien.[127]

Abb. 36: Geneviève Waïte auf einem Foto von 1969.

– Unterkunft für Keith Richards –

Als am 6. Juni 1976 das Kind Tara von Anita Pallenberg und Keith Richards von den **Rolling Stones** den plötzlichen Säuglingstod gestorben und Keith Richards wegen Kokainbesitzes belangt worden war, boten die Phillips dem Paar eine Bleibe in ihrem Haus in Chelsea an. Die Folge war, dass sie Ende 1976 selbst heroinsüchtig waren. Um wieder sauber zu werden, kehrten sie nach New York zurück.[128]

Richards erinnert sich: „John war ein toller Typ und wirklich witzig, ein hochinteressanter Musiker (wenn auch verrückt). Er hatte viele Songs geschrieben, die für ein ganzes Zeitalter stehen, nicht nur für die Mamas, sondern auch für andere."[129]

Phillips verfiel nun zunehmend den Drogen und wurde wegen schwerer Drogendelikte am 31. Juli 1980 in New York festgenommen, verurteilt und im April 1981 für 30 Tage ins Gefängnis gesteckt. Es wäre eine längere Zeit geworden, hätte er nicht mit seiner Tochter Mackenzie in den Medien Kinder und ihre Eltern vor den Gefahren des Drogenkonsums gewarnt. Danach ging er gemeinsam mit seiner Tochter zwecks Entzugs in eine Reha-Klinik.[130]

Am 1. April 1980 wurde in Greenwich die gemeinsame Tochter von John Phillips und Geneviève Waïte Bijou geboren, die Sängerin, Model und Schauspielerin wurde. Die Ehe hielt bis 1985.

Im Jahre 1986 wurde John Phillips vielbeachtete Autobiographie, „Papa John", veröffentlicht. Neben Scott McKenzie, Mike Love und Terry Melcher war er an der Komposition des **Beach-Boys**-Hits „Kokomo", der am 18. Juli 1988 in den USA veröffentlicht wurde, beteiligt. Sie hatten damit einen ihrer größten Hits, der auch Teil des Soundtracks zum Film „Cocktail" war.

John Phillips unterzog sich 1992 einer Lebertransplantation, nach Jahren des Trinkens und der Drogenabhängigkeit. Er heiratete am 3. Februar 1995 seine vierte Frau, Farnaz Arasteh.

– Golden Palm Star –

Im Jahre 1996 wurde ihm ein Golden Palm Star unter den *Palm Springs Walk of Stars* gewidmet.

Er starb am 18. März 2001 im UCLA Medical Center in Los Angeles an Herzversagen. Beigesetzt wurde er in einer Außen-Gruft auf dem Forest Lawn Cemetery (Cathedral City) in der Nähe von Palm Springs, Kalifornien, wo er zuletzt mit seiner Ehefrau Farnaz gelebt hatte. Ihn überlebten neben seiner Ehefrau die Töchter Mackenzie, Chynna und Bijou, die Söhne Jeffrey und Tamerlane und die Stieftöchter Atoosa und Sanaz.

Kurz vor seinem Tod hatte Phillips ein Album mit neuem Material aufgenommen. Er hatte ebenfalls eine Platte fertig gestellt, die er 25 Jahre zuvor mit Mick Jagger und Keith Richards von den **Rolling Stones** begonnen hatte: „Pay Pack & Follow". Das Album wurde im April 2001 herausgegeben. Ursprünglich war es für das **Rolling Stones**-Plattenabel „Rolling Stones Records“ produziert worden, schlummerte aber seitdem in den Regalen. Mick Jagger wird unter den Backing Vocals und als Co-Produzent aufgeführt, Keith Richards als Gitarrist und Co-Produzent, Ex-Rolling Stone Mick Taylor ebenfalls als Gitarrist und Rolling Stone Ron Wood als Bassist.

Die Aufnahmen finden sich auch auf der am 9. September 2008 mit fünf Bonustiteln aufgelegten CD „Pussycat“ von John Phillips wieder.

Abb. 37: Mackenzie Phillips auf einem Foto vom Januar 1975.

Mit ihrem im September 2009 veröffentlichten Buch „High on Arrival“ schockierte John Phillips Tochter Mackenzie die Welt. Sie berichtete von exzessiven Drogenerfahrungen, die im Alter von 12 Jahren begonnen hätten, und einer Inzestbeziehung mit ihrem Vater, die bis zu ihrer 1979 mit Rockband-Manager Jeffrey Sessler geschlossenen Ehe angehalten habe.[131]

Michelle Phillips

Nach der Scheidung von John Phillips im Jahre 1968 behielt Michelle Phillips ihren durch die Ehe angenommenen Namen als beruflichen Namen bei.

Im Zuge der **Leonard Cohen**-Tour 1970 sang Michelle Phillips am 14. November 1970 in der Royce Hall auf dem Campus der UCLA die Backup-Vocals.[132]

Im Jahre 1973 nahm Phillips ihren Gesang als Cheerleader zusammen mit Darlene Love für die **Cheech & Chong**-Single „Basketball Jones“ auf, die Platz 15 in den Billboard-Single-Charts erreichte.

Im Jahre 1975 unterzeichnete Phillips einen Solo-Schallplattenvertrag bei A&M Records und veröffentlichte eine Promo-Single mit dem Titel „Aloha Louie", den sie mit Ex-Mann John Phillips geschrieben hatte. 1976 veröffentlichte Phillips ihre erste Solo-Single, „No Love today", vom „Mother, Jugs & Speed"-Film-Soundtrack. Am 24. August 1976 sang Phillips „No Love today" in der „The Mike Douglas Show".

Ihre erste Solo-Platte hieß „Victim of Romance". Produziert hatte sie Jack Nitzsche (1937-2000) für A&M Records, im Februar 1977 war das Album erhältlich, es verkaufte sich allerdings nicht gut. Ihre ersten beiden Solo-Singles aus dem Album schafften es nicht in die US-Musik-Charts. In jenem Jahr sang sie Backup-Stimmen mit ihrer ehemaligen Stieftochter Schauspielerin Mackenzie Phillips bei „Zulu Warrior", welches für das zweite Soloalbum ihres Ex-Manns, „Pay Pack & Follow", bestimmt war, aber erst 24 Jahre später veröffentlicht werden sollte. „Zulu Warrior" befindet sich auch auf der September 2008-Veröffentlichung „Pussycat", wo der Originalmix des Songs aus dem Jahr 1977 zu hören ist.

Im Jahre 1979 nahm sie den Song „Forever" für den Soundtrack von „California Dreaming" auf, einen Surf-Film, der nichts mit ihrer alten Band zu tun hatte. Ende 1987 sang Phillips Backup-Vocals auf **Belinda Carlisle**s Nummer-1-Hit „Heaven is a Place on Earth", aber auch auf der Carlisle-LP, „Heaven on Earth".

Aus einer Beziehung mit dem 1948 geborenen Schauspieler Grainger Hines (Frank Hines) ging der Sohn Austin Devereux Hines hervor.[133]

Sie ging im März 2000 zum vierten Mal eine Ehe ein, diesmal mit Steven Zax, einem Schönheitschirurgen, mit dem sie ein Kind hat.

– John Phillips-Erinnerungstribut –

Am 29. März 2001 war Michelle Phillips unter den Akteuren für einen John Phillips-Erinnerungstribut im „The Roxy Theatre" in Hollywood. Michelle Phillips performte bei dieser Gelegenheit zwei Stücke live mit Scott McKenzie und Denny Doherty. Unter den „Non-Performern" erwartete man unter den etwa 300 geladenen Gästen Lou Adler, den damaligen Musikproduzent der **Mamas & Papas**.[134]

2004 war sie als Hintergrundsängerin für das Album „California" von **Wilson Phillips** beteiligt, dem von ihrer Tochter Chynna mitgegründeten Musikprojekt.

Nach ihrer Karriere als Sängerin machte sich Michelle Phillips insbesondere als Schauspielerin einen Namen. Sie wirkte in zahlreichen Kino- und TV-Filmen mit und ist noch heute im Filmgeschäft tätig. Ihr Kinodebüt hatte sie bereits 1971 in dem Film „The Last Movie" gegeben. Sie wurde im Jahre 1973 im Film „Dillinger" als John Dillingers Freundin Billie Frechette eingeführt. Im Jahre 1974 wurde sie in „The California Kid" an der Seite von Martin Sheen gezeigt.

Später war sie mehrere Jahre lang in der Fernsehserie „Unter der Sonne Kaliforniens" zu sehen, wo sie die Rolle der „Anne Matheson" verkörperte und wofür sie 1991 mit dem US-amerikanischen Publikumspreis, dem „Soap Opera Digest

Award“, ausgezeichnet wurde. Im Jahre 1973 spielte sie mit im Film „Jagd auf Dillinger“. 1977 spielte sie mit in der Ken Russel-Filmbiographie „Valentino“, in der es um das Chaos um den Tod des 31-jährigen Filmstars Rudolph Valentino, dessen zweite Frau, Natacha Rambova (1897-1966), sie spielte, ging.

Phillips spielte auch die Meerjungfrau-Prinzessin Nyah in drei Episoden der ab 1978 ausgestrahlten Fantasy-Familienserie „Fantasy Island“.

Sie hatte Gastrollen in Serien, wie „Spin City“ und „Star Trek: The Next Generation“, wo sie in der 24. Folge, „We'll always have Paris“, die ehemalige Liebe von Captain Picard, Jenice, spielte. Sie hatte eine weitere Gastrolle in der TV-Serie „The Magnificent Seven“, wo sie Maude Standish, die Mutter eines der Sieben, spielte. Phillips wurde in jüngerer Zeit als Schauspielerin in einer wiederkehrenden Rolle als Lily Jackson, Schwester von Matriarchin Annie Jackson Camden (Catherine Hicks), in dem TV-Drama „Eine himmlische Familie“ des Senders WB engagiert. Sie spielte 1996 Laura Collins im TV-Film „No one would tell“.

Phillips spielte für mehrere Staffeln bei „Knots Landing“ die stets intrigante Anne Matheson Sumner. Sie erschien bei den „TV Land“-Awards am 19. April 2009 zur 30-Jahr-Feier von „Knots Landing“.

In einer Episode von „Knots Landing“ sang sie im März 1987 den **Mamas-&-Papas**-Song „Dedicated to the One I love“.

Filmographie (Auswahl):[135]

1971: The Last Movie
1973: Jagd auf Dillinger (Dillinger)
1974: The Death Squad (Fernsehfilm)
1974: California Kid (The California Kid, Fernsehfilm)
1975: Miracle (Kurzfilm)
1977: Valentino
1977: Aspen (Miniserie, eine Folge)
1978: The Users (Fernsehfilm)
1979: Blutspur (Bloodline)
1979: Victor Charlie ruft Lima Sierra (The French Atlantic Affair, Miniserie, eine Folge)
1980: Der Mann mit Bogarts Gesicht (The Man with Bogart's Face)
1981: Gefangene der Bestien (Savage Harvest)
1982: Moonlight (Fernsehfilm)
1983-1986: Hotel (Fernsehserie, sieben Folgen)
1984: Secrets of a Married Man (Fernsehfilm)
1986: American Anthem
1987: Eine Mordsehe (Assault & Matrimony, Fernsehfilm)
1987-1993: Unter der Sonne Kaliforniens (Knots Landing, Fernsehserie, 88 Folgen)
1988: Raumschiff Enterprise: Das nächste Jahrhundert (Star Trek: The Next Generation, Fernsehserie, Episode 1x24 Begegnung mit der Vergangenheit)
1989: Ananas und blaue Bohnen (Trenchcoat in Paradise, Fernsehfilm)

1989: Alles auf Sieg (Let it Right)
1991: Scissors
1991: Keep on Running
1993: Barett – Das Gesetz der Rache (Josua Tree)
1998-2000: Die glorreichen Sieben (The Magnificent Seven, Fernsehserie, drei Folgen)
2001-2004: Eine himmlische Familie (7th Heaven, drei Folgen)

Denny Doherty

Cass Elliot und Denny Doherty blieben auch nach der Trennung der Band befreundet, Doherty begann allerdings schon bald zu trinken, um Michelle Phillips, die er immer noch nicht vergessen konnte, aus seinem Leben zu verdrängen. Einen Heiratsantrag von Cass Elliot lehnte er ab.

Denny Doherty veröffentlichte drei Solo-Alben und drei Singles. In seiner Heimat Kanada moderierte er eigene Fernsehshows und wirkte in zahlreichen Film- und TV-Projekten mit. Er war in erster Ehe 1971 mit Linda Woodward (Tochter: Jessica Woods), in zweiter Ehe genau 20 Jahre mit der 1998 verstorbenen Jeannette Doherty verheiratet (Tochter Emberly und Sohn John).

1971 entstand die Solo-LP „Watcha gonna do“. Einige der Songs darauf wurden von Doherty geschrieben. Das Album gilt als eins der besten Soloprojekte der Musiker nach ihrer Trennung, wenngleich es wegen der damals geplanten Wiedervereinigung kaum Unterstützung und Werbung dafür gab.

– Ausprobieren neuer Musikstile –

Produziert von Bill Szymczyk, war das Album für eine Reihe von Gründen interessant. Als Teil der **Mamas & Papas** waren Dohertys Beiträge häufig durch den Rest der Band überschattet. Nun ging er eigene Wege und konnte es mit neuen Musikstilen fernab seiner musikalischen Wurzeln versuchen. Mit zwei Ausnahmen löste er sich endgültig vom Top-40-Folk-Rock und Pop der **Mamas & Papas**. An seiner Stelle findet man Tracks, wie „Neighbors“, „Still can’t hear the Music“ und „Gathering the Words“, mit denen Doherty kopfüber in die Country-Rock eintauchte.

Bei der Produktion unterstützten:

Buddy Emmons (Pedal-Steel-Guitar)
Eddy Fisher (Gitarre)
Brian Garofalo (Bass)
Jimmie Haskell (Akkordeon)
Eric Hord (Gitarre, Banjo)
Russ Kunkel (Schlagzeug)
Gabe Lapano (Tasteninstrumente, Vibes, Autoharp)
Barry McGuire (Gitarre, Harfe)

In den Folgejahren veröffentlichte Denny Doherty weitere Singles, wie beispielsweise „Indian Girl“ und „Baby catch the Moon“, die in den Charts jedoch nicht erfolgreich waren.

Im Jahre 1973 verbündete sich Denny Doherty mit dem britischen Produzenten Jeffrey Kruger und dem berühmten Songwriter-Produzenten John Madara („At the Hop“), um eine Reihe von inzwischen historischen Aufnahmen bei Krugers Ember-Label einzuspielen. Kruger sagte, er habe „immer Dennys Stimme bewundert“ und sei „absolut begeistert“, dass Doherty der erste Nordamerikaner sei, der bei Embers neuer Verbindung mit Paramount Records unterzeichnet habe.

Auf diese Weise entstand das Album „Waiting for a Song“, das Denny Doherty in den Jahren 1973 und 1974 aufnahm. Es stellt sein zweites Soloalbum dar und bietet statt Country-Rock melodischen Pop und Rock im 1970er-Jahre-Stil.

– „Waiting for a Song“ mit zwei Mamas –

Die Background-Vocals stammen von Cass Elliot und Michelle Phillips, die sich für ihr Engagement förmlich aufgedrängt hatten, wie Elliot es in den Liner Notes damals formulierte. Ins Auto gepackt und allesamt direkt ins Tonstudio (Western Recorders und Sound Labs, beide in Hollywood): „When I first heard the initial tracks I prostrated myself at his feet on Sunset Boulevard begging to be allowed to sing backgrounds. Another fan of 'The Demon', as we call him, a beautiful young girl named Michelle Phillips, also pleaded to be included. With typical Doherty reserve he flung us into his car and whisked us straight away to the studio where he kept us under lock and key until we got it right. We did.“[136]

Jeffrey Kruger erinnerte sich: „Eines Tages hörten wir: ‚Hey, ihr erratet es nicht, Cassie und Michelle kommen hinzu, um die Backups zu singen!'“ Der historische Charakter des Albums ergibt sich auch aus den Musikern, die an den Aufnahmesessions teilgenommen haben. Obwohl nicht näher dokumentiert, bestätigen Erinnerungen, dass Hal Blaine, Joe Osborn, Jimmy Keltner, David Foster, Michael Melvoin, Larry Knechtel und David Paich alle beteiligt waren.[137] Als Toningenieure leisteten Joe Sidore und John Boyd ganze Arbeit.[138]

Für Cass Elliot bedeuteten ihre Gesangsaufnahmen vom 15. Mai 1974 die letzten Aufnahmen für eine Schallplatte vor ihrem nahen Tod am 29. Juli 1974. Im Gegensatz zu seinem ersten Solo-Album schrieb Denny Doherty diesmal nur einen Song („It can only happen in America“) selbst, der Rest sind Cover-Versionen. Die Songs wurden unter anderem von England Dan & John Ford Coley („Simone“), Larry Weiss („Lay me down (Roll me out to Sea)“), The Addrisi Brothers („Together“), Gary Osborne („Children of my Mind“) und Hall & Oates („Goodnight and Good Morning“) geschrieben.

Dohertys Interpretation von „You'll never know“ wurde als erste Single veröffentlicht und erreichte Platz 13 während seines 12-wöchigen Daseins in den Adult-Contemporary-Charts im Sommer 1974. Doherty spielte den Titel damals in der „The Tonight Show“. John Madara sagt noch heute, dass das Cover von „You've lost that lovin' Feelin'“ von **The Righteous Brothers** die stärkste Aufnahme des Albums sei: „Ich denke, es ist auch heute noch eine Hit-Single.“

Das Album, das ursprünglich nur in England und Kanada erschien, wurde 2011 mit Hilfe der Originaltapes neu gemastert und als CD wieder veröffentlicht. Das

Booklet enthält ein neues Essay des Journalisten und BBC-Reporters Spencer Leigh.

– The (new) Mamas and The Papas –

Gemeinsam mit John Phillips formierte Denny Doherty im Jahre 1981 eine Tourneeband mit Namen **The Mamas and The Papas**. Die beiden neuen „Mamas“ waren Elaine „Spanky“ McFarlane, ehemals Leadsängerin von **Spanky and Our Gang**, und John Phillips' Tochter aus erster Ehe, Mackenzie Phillips. Die Band tourte ab 1982 noch einmal mit alten und neuen Liedern, der Erfolg blieb allerdings aus.

1986 reformierte John Phillips die Band, diesmal mit Papa Scott McKenzie anstelle von Denny Doherty. Außerdem führte er John Kito als Bandleader und musikalischen Leiter ein. Kito blieb der Band für die nächsten 15 Jahre treu, engagierte Musiker und half John Phillips bei den zwischen 1986 und 1989 produzierten Studioaufnahmen.

1991 nahm Mackenzie Phillips ihren Hut, ein Jahr darauf für einige Jahre ihr Vater und 1995 Denny Doherty. In wechselnden Besetzungen hielt sich die Band am Ende noch bis 1998. Zuletzt gehörten dazu: John Phillips, Scott McKenzie und die Sängerinnen Lisa Brescia und Deb Lyons.

Daraufhin produzierte Doherty das recht erfolgreiche Broadway-Musical „Dream a Little Dream“, in dem die Geschichte der Band aus seiner Sicht erzählt wurde.

1993 war Doherty noch einmal in der Kinderserie „Theodore Tugboat“ im Fernsehen zu sehen, zog sich aber zusehends aus der Öffentlichkeit zurück.

Er hatte noch einmal eine Gastrolle als FBI-Agent Ryan Chalk Neck in der Folge „A Shitriver runs through it“ der kanadischen Comedy-Serie „Trailer Park Boys“. Er starb am 19. Januar 2007 in seinem Haus in Mississauga, Ontario, an einer Arterienerweiterung.

Seine letzte Ruhe fand Denny Doherty auf dem Gate of Heaven Cemetery in Nova Scotia, Kanada.

„Klänge von Joni Mitchell, Judy Collins, den Mamas & Papas, den Beatles, Bob Dylan und Leonard Cohen schwebten über die Malibu-Klippen und vermischten sich mit einem Windspiel und Düften von Sandelholz und Marihuana.“

What Falls Away – A Memoir, Mia Farrow, 1997

Diskographie:

The Smoothies

Softly/Joanie
Champion Music (Label DECCA)
1960

Ride, Ride, Ride/Lonely Boy and Pretty Girl
Champion Music (Label DECCA)
1960

The Journeymen

The Journeymen
Collectors' Choice Music
1961

Coming Attraction: Live!
Capitol
1962

New Directions in Folk Music
Collectors' Choice Music
1963

Singles:

Don't turn around (John Stewart, John Phillips)/Hush now Sally (John Phillips, Richard Weissman)
Producer: Voile Gilmore
Capitol Records
VÖ: 9. April 1962

Loadin' Coal (Merle Travis)/What'll I do (Irving Berlin)
Producer: Andy Wiswell
Capitol Records
VÖ: September 1962

Here's Rag Mama (John Phillips, Scott McKenzie, Richard Weissman, Arthur Roy Traum)/I never will marry (Alvin Pleasant „A. P." Carter)
Producer: Kermit Walter
Capitol Records
VÖ: 25. März 1963

The New Journeymen

Mr. Tambourine Man (Bob Dylan)
1965

The last Thing on my Mind (Thomas Paxton)
1965

(Demo-Aufnahmen auf „The Magic Circle", 1999)

The Halifax Three.

The Man who wouldn't sing along with Mitch (Charles Grean, Fred Hertz)/Come down the Mountain Katie Daly (Eamon O'Shea)
Columbia Records
1963

The Big 3

The Big 3
FM Records
Produziert von Alan Douglas und Pete Kameron
1963

Seite 1:

Rider (Sonny Terry)
It makes a long Time Man feel bad (Traditional)
Nora's Dove (Dink's Song) (Earlene Rentz)
Young Girl's Lament (Traditional)
Sing Hallelujah (Unknown Blues Band)

Seite 2:

Come along (Paul Campbell, Tim Rose)
Dark as a Dungeon (Merle Travis)
The Banjo Song (Tim Rose)
Winken, Blinken and Nod (Luci Simon, Eugene Field)
Ho Honey Oh (Bobby Osborne, Tommy Sutton)

The Banjo Song (Oh! Susanna) (Tom Rose)/Winken, Blinken and Nod (Luci Simon, Eugene Field)
FM Records
1963

Come away Melinda (Fred Hellerman, Fran Minkoff)/Rider (Sonny Terry)
FM Records 9004
Produziert von Alan Douglas und Pete Kameron
1963
Vom Album: The Big Three, FM 307; 1963

The Big 3 Live at the Recording Studio
FM Records
Produziert von Roy Silver
1963

Seite 1:

I may be right (Dick Weissman)
Anna Fia (Feher) (Traditional, Arranged by Wood, Rock)
Tony and Delia (Arranged by Carey, Wood)
Grandfather's Clock (Tim Rose, Bob Bowers)
Silkie (Traditional, Arranged by Cass Elliott, James Hendricks, Bob Bowers)

Ringo (Carey, Wood)

Seite 2:

Down in the Valley (Tim Rose, Bob Bowers)
Wild Women (Tim Rose, Cass Elliot)
All the pretty little Horses (Tim Rose, James Hendricks, Cass Elliott, Jim Butler)
Glory Glory (Cass Elliott, Tim Rose, James Hendricks, Bob Bowers)
Come away Melinda (Fred Hellerman, Frances „Fran“ Minkoff)

The Big Three featuring Mama Cass Elliot, Tim Rose and Jim Hendricks
Sequel Records UK 755
1995/CD

I may be right (Dick Weissman)
Anna Fia (Feher) (Traditional, Arranged by Wood, Rock)
Tony and Delia (Arranged by Carey, Wood)
Grandfather's Clock (Tim Rose, Bob Bowers)
Silkie (Traditional, Arranged by Cass Elliott, James Hendricks, Bob Bowers)
Ringo (Carey, Wood)
Down in the Valley (Tim Rose, Bob Bowers)
Wild Women (Tim Rose, Cass Elliot)
All the pretty little Horses (Tim Rose, James Hendricks, Cass Elliott, Jim Butler)
Glory Glory (Cass Elliott, Tim Rose, James Hendricks, Bob Bowers)
Come away Melinda (Fred Hellerman, Frances „Fran“ Minkoff)
Young Girl's Lament (Traditional)
The Banjo Song (Tim Rose)
Winken, Blinken and Nod (Luci Simon, Eugene Field)
Ho Honey Oh (Bobby Osborne, Tommy Sutton)
Nora's Dove (Dink's Song) (Earlene Rentz)
Come along (Paul Campbell, Tim Rose)
Rider (Sonny Terry)
It makes a long Time Man feel bad (Traditional)
Sing Hallelujah (Unknown Blues Band)
Dark as a Dungeon (Merle Travis)

„Wild Woman“ und „Winken, Blinken and Nod“ ebenfalls auf CD 1 der Doppel-CD „Creeque Alley – The History of The Mamas and The Papas“, 1991

The Mugwumps

I'll remember tonight (Chris Andrews)/I don't wanna know (John Beecham, David Rowberry)
Warner Brothers Records
1964

An Historic Recording
Warner Bros. Records W 1697
1967
Aufnahmen vom Spätsommer 1964
Produziert von Roy Silver und Bob Cavallo

Seite 1:

Searchin' (Jerry Leiber, Mike Stoller)
I don't wanna know (John Beecham, David Rowberry)
I'll remember tonight (Chris Andrews)
Here it is another Day (Cass Elliott, James Hendricks)
Do you know what I mean (Felix Pappalardi)

Seite 2:

You can't judge a Book by the Cover (Willie Dixon)
Everybody's been talkin' (Cass Elliott, James Hendricks)
Do what they don't say (Alan Hawkshaw)
So fine (Johnny Otis)

„I'll remember tonight" und „I don't wanna know" ebenfalls auf CD 1 der Doppel-CD „Creeque Alley – The History of The Mamas and The Papas", 1991

Before They Were The Mamas & The Papas... the magic circle
Varèse Sarabande – VSD-5996
1999

Creeque Alley (Single Version) (John Phillips, Michelle Phillips)
The Mamas and The Papas
Dunhill Single 4083; pop #5, 1967
Produced by Lou Adler

Ride, Ride, Ride (John Phillips)
The Smoothies
Decca Single 31159; 1960
Orchestra and Chorus Directed by Jack Pleis

Lonely Boy and Pretty Girl (John Phillips)
The Smoothies
Decca Single 31159 (B); 1960
Orchestra and Chorus Directed by Jack Pleis

Oh Mary don't you weep (Arranged and adapted by Richard Byrne)
The Halifax Three
From the album: The Halifax Three, Epic 26038; 1963
Produced by Bob Morgan

Rider (Sonny Terry)
The Big 3
FM Single 9004; 1963
From the album: The Big Three, FM 307; 1963
Produced by Alan Douglas and Pete Kameron

The Man who wouldn't sing along with Mitch (Fred Hertz, Charles Grean)
The Halifax Three
Epic Single 9572; 1963
From the album: San Francisco Bay Blues; Epic 24060; 1963
Produced by Bob Morgan

Come along (Paul Campbell, Tim Rose)
The Big 3
From the album: The Big Three; FM 307; 1963
Produced by Alan Douglas and Pete Kameron

I may be right (Richard Weissman)
The Big 3
From the album: The Big Three Live At The Recording Studio; FM 311; 1964
Produced by Roy Silver

Oh Suzanna (The Banjo Song) (Tim Rose)
Zal Yanovsky, Cass Elliot, Jerry Yester and Jim Hendricks
Previously unreleased recording from 1964
Produced by Erik Jacobsen

Bound for Higher Ground (Traditional)
The New Journeymen
Previously unreleased 1965 Demoaufnahme

Tom Dooley (Traditional)
Jerry Yester, Cass Elliot, Jim Hendricks & Henry Diltz
Previously unreleased recording from 1964
Produced by Erik Jacobsen

Searchin' (Jerry Leiber, Mike Stoller)
The Mugwumps
Warner Bros. single 7018; 1967 (Recorded 1964)
From the album: The Mugwumps –
An Historic Recording, Warner Bros. 1697; 1967
Produced by Roy Silver and Bob Cavallo

Mr. Tambourine Man (Bob Dylan)
The New Journeymen
Previously unreleased Demoaufnahme

I'll remember tonight (Christopher Andrews, Freddy Poser)
The Mugwumps
Warner Bros. Single 5471; 1964
From the album: The Mugwumps –
An Historic Recording; Warner Bros. 1697; 1967
Produced by Roy Silver and Bob Cavallo

The last Thing on my Mind (Thomas Paxton)
The New Journeymen
Previously unreleased 1965 Demoaufnahme

California Dreamin' (John Phillips, Michelle Phillips)
The Mamas and The Papas
Dunhill Single 4020; Pop #4, 1966
Produced by Lou Adler

<u>The Mamas and The Papas</u>

Alben:

This precious Time (Barry McGuire)
Dezember 1965

Seite 1:

This precious Time (P. F. Sloan/Steve Barri) 2:48
California Dreamin' (Michelle Phillips, John Phillips) 2:38
Let me be (P. F. Sloan) 2:34
Do you believe in Magic (John Sebastian) 2:15
Yesterday (John Lennon, Paul McCartney) 2:51
Hang on Sloopy (Bert Russell, Wes Farrell) 4:02

Seite 2:

Just like Tom Thumb's Blues (Bob Dylan) 3:59
Upon a painted Ocean (P. F. Sloan) 2:55
(You've got to) Hide your Love away (John Lennon, Paul McCartney) 2:46
I'd have to be out of my Mind (P. F. Sloan, Steve Barri) 3:43
Child of our Times (P. F. Sloan) 3:21
Don't you wonder where it's at (Barry McGuire, P. F. Sloan) 2:51

Die Titel von Seite 1 sowie „(You've got to) Hide your Love away" befinden sich auch auf CD 4 der umfangreichen, 101 Titel umfassenden und von einem 64-seitigen Booklet begleiteten Mamas-&-Papas-Zusammenstellung „Complete Anthology", 12. Oktober 2004, MCA Records (Universal).

If you can believe your Eyes and Ears
März 1966

Seite 1:

Monday, Monday (John Phillips) 3:28
Straight Shooter (John Phillips) 2:58
Got a Feelin' (John Phillips, Denny Doherty) 2:53
I call your Name (John Lennon, Paul McCartney) 2:38
Do you wanna dance? (Bobby Freeman) 3:00
Go where you wanna go (John Phillips) 2:29

Seite 2:

California Dreamin' (John Phillips, Michelle Phillips) 2:42
Spanish Harlem (Jerry Leiber, Phil Spector) 3:22
Somebody Groovy (John Phillips) 3:16
Hey Girl (John Phillips, Michelle Phillips) 2:30
You Baby (Steve Barri, P. F. Sloan) 2:22
The 'In' Crowd (Billy Page) 3:12

The Mamas & The Papas
30. August 1966

Seite 1:

No Salt on her Tail (John Phillips) 2:40
Trip, stumble and fall (John Phillips) 2:35
Dancing Bear (John Phillips) 4:08
Words of Love (John Phillips) 2:13
My Heart stood still (Richard Rodgers, Lorenz Hart) 1:43
Dancing in the Street (Marvin Gaye, William „Mickey" Stevenson, Ivy Jo Hunter) (John Phillips) 3:00

Seite 2:

I saw her again (John Phillips, Denny Doherty) 2:50
Strange young Girls (John Phillips) 2:45
I can't wait (John Phillips) 2:40
Even if I could (John Phillips) 2:40
That Kind of Girl (John Phillips) 2:20
Once was a Time I thought (John Phillips) 0:58

Deliver
1967

Seite 1:

Dedicated to the One I love (Lowman Pauling, Ralph Bass) 2:56
My Girl (Smokey Robinson, Ronald White) 3:35
Creeque Alley (John Phillips, Michelle Phillips) 3:45
Sing for your Supper (Richard Rodgers, Lorenz Hart) 2:46
Twist and shout (Bert Russell, Phil Medley) 2:45
Free Advice (John Phillips, Michelle Phillips) 3:15

Seite 2:

Look through my Window (John Phillips) 3:05
Boys & Girls together (John Phillips) 3:15
String Man (John Phillips, Michelle Phillips) 2:59
Frustration (John Phillips) 2:50
Did you ever want to cry (John Phillips) 2:53
*John's Music Box (John Phillips) 1:00
*Adaptation by John Phillips

The Best of the Mamas and the Papas: Farewell to the First Golden Era
1967

Seite 1:

Dedicated to the One I love 2:56
Go where you wanna go 2:32
Words of Love 2:13
Look through my Window 3:05

Dancing in the Street 3:00
Monday, Monday 3:03

Seite 2:

Creeque Alley 3:45
Got a Feelin' 2:44
Twelve-Thirty (Young Girls are coming to the Canyon) 3:20
I call your Name 2:32
I saw her again last Night 2:50
California Dreamin' 2:32

The Mamas & The Papas: Golden Era Vol. 2
1968

Seite 1:

My Girl 3:35
Sing for your Supper 2:46
No Salt on her Tail 2:35
Twist and shout 2:45
Glad to be unhappy 1:40
Nothing's too good for my little Girl 3:05

Seite 2:

For the Love of Ivy 3:40
Do you wanna dance 2:58
Trip, Stumble & Fall 2:35
Hey Girl 2:21
You Baby 2:15
Dream a little Dream of me 3:43

The Papas & The Mamas
1968

Seite 1:

No Salt on her Tail (John Phillips) 2:35
Trip, stumble and fall (John Phillips) 2:35
Dancing Bear (John Phillips) 4:08
Words of Love (John Phillips) 2:13
My Heart stood still (Richard Rodgers, Lorenz Hart) 1:43
Dancing in the Street (Marvin Gaye, William Mickey Stevenson, Ivy Jo Hunter) 3:00

Seite 2:

I saw her again (John Phillips, Denny Doherty) 2:50
Strange young Girls (John Phillips) 2:45
I can't wait (John Phillips) 2:40
Even if I could (John Phillips) 2:40
That Kind of Girl (John Phillips) 2:20

Once was a Time I thought (John Phillips) 0:58

Hits of Gold
1968

Seite 1:

California Dreamin' 2:32
Dedicated to the One I love 2:56
Safe in my Garden 3:11
Dream a little Dream of me 3:24
Spanish Harlem 3:17
My Girl 3:35
Do you wanna dance 3:00
Monday, Monday 3:03

Seite 2:

Dancing in the Street 3:00
You Baby 2:28
I saw her again last Night 2:50
Creeque Alley 3:45
California Earthquake 3:24
Twist and shout 2:45
Look through my Window 3:05
Glad to be unhappy 1:41

16 of their greatest Hits
1969

Seite 1:

California Dreamin' 2:32
Dedicated to the One I love 2:56
I call your Name 2:32
Twelve-Thirty (Young Girls are coming to the Canyon) 3:20
Creeque Alley 3:45
Dancing in the Street 3:00
For the Love of Ivy 3:40
Go where you wanna go 3:32

Seite 2:

My Girl 3:35
Look through my Window 3:05
Words of Love 2:13
Twist and shout 2:45
I saw her again last Night 2:50
Dream a little Dream of me 3:24
Trip, stumble and fall 2:35
Monday, Monday 3:03

People Like Us
1971

Seite 1:

People like us (John Phillips) 3:25
Pacific Coast Highway (John Phillips) 3:04
Snowqueen of Texas (John Phillips) 2:37
Shooting Star (John Phillips) 2:54
Step out (John Phillips) 3:03
Lady Genevieve (John Phillips) 3:48

Seite 2:

No Dough (John Phillips) 3:05
European Blueboy (John Phillips) 3:39
Pearl (John Phillips) 2:24
I wanna be a Star (John Phillips, Michelle Phillips) 2:17
Grasshopper (John Phillips) 2:57
Blueberries for Breakfast (John Phillips) 2:59

CD-Bonus-Tracks der Deluxe Expanded Edition (2012):

Fantastic Four (Outtake)
Lady Genevieve (Outtake)
No Dough (Honeymoon) (Alternate Mix)
Mississippi (Album Version)
April Anne
Revolution on Vacation (Alternate Mix)
Cup of Tea (Sky Jaked) (Alternate Mix)
Me and my Uncle (Jack of Diamonds)
Andy's Talkin' Blues (Demo)

The Monterey International Pop Festival 1967
1971

Seite 1:

Straight Shooter 3:10
Got a Feelin' 4:01
California Dreamin' 2:47
Spanish Harlem 3:28

Seite 2:

Somebody Groovy 2:50
I call your Name 6:03
Intro 4:32
Monday, Monday 3:12
Dancing in the Street 3:26

Der Videomitschnitt zu „Straight Shooter“ (2:12) befindet sich auf der Mamas-&-Papas-DVD „California Dreamin'“ (o. J.).

20 Golden Hits
1973 (Doppel-LP)

Seite 1:

California Dreamin'
Dedicated to the One I love
I call your Name
Twelve-Thirty (Young Girls are coming to the Canyon)
Creeque Alley
Dancing in the Street
For the Love of Ivy
Go where you gonna go
My Girl
Look through my Window

Seite 2:

Monday, Monday
Words of Love
Twist and shout
I saw her again last Night
Dream a little Dream of Me
People like us
You Baby
Got a Feelin'
Trip, stumble & fall
Straight Shooter

The Best of The Mamas & Papas
1977

Seite 1:

Monday, Monday
Twelve-Thirty (Young Girls are coming to the Canyon)
Creeque Alley
For the Love of Ivy
Go where you gonna go
Look through my Window
Words of Love
I saw her again last Night
You Baby
Got a Feelin'

Seite 2:

California Dreamin'
Straight Shooter
Safe in my Garden
Trip, stumble & fall
Dream a little Dream of me

Spanish Harlem
People like us
I call your Name
Twist and shout
Dedicated to the One I love

Elliot, Phillips, Gilliam, Doherty
1988 (Doppel-LP)

24 GREAT TRACKS INCLUDING: CALIFORNIA DREAMIN' · DEDICATED TO THE ONE I LOVE · CREEQUE ALLEY · I SAW HER AGAIN · GO WHERE YOU WANNA GO

Singles:

California Dreamin' (US #4, UK #23)
11.1965

Monday, Monday (US #1, D #2, UK #3)
03.1966

I saw her again (US #5, UK #11, D #29)
06.1966

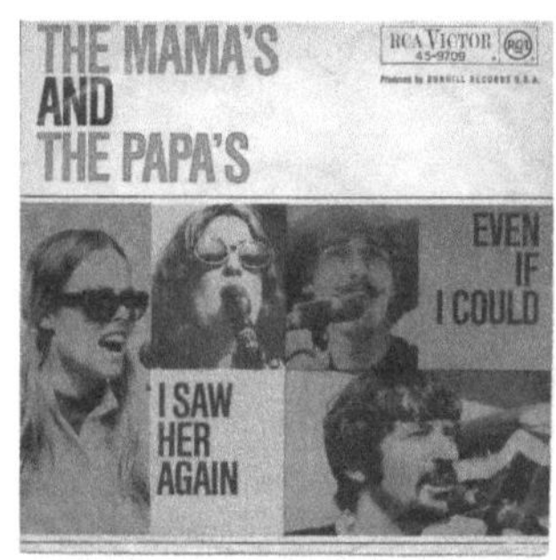

Abb. 38: Das alternative RCA Victor-Cover zu „I saw her again".

Look through my Window (US #24)
09.1966

Words of Love (US #5, UK #47)
11.1966

Dancing in the Street (US #73)
12.1966

Dedicated to the One I love (US #2, UK #2, D #26)
02.1967

Creeque Alley (US #5, UK #9)
04.1967

Twelve-Thirty (Young Girls are coming to the Canyon) (US #20)
07.1967

Glad to be unhappy (US #26)
09.1967

Dancing Bear (US #51)
11.1967

Safe in my Garden (UK #20, US #53)
05.1968

Dream a little Dream of me
(Wiederveröffentlichung als erste Solo-Single von Mama Cass)
06.1968

For the Love of Ivy (US #81)
08.1968

Do you wanna dance (US #76)
11.1968

Step out (US #81)
01.1972

CD-Reissues:

16 of their Greatest Hits
MCAD-5701 JVC436
1986

If you can believe your Eyes and Ears
MCAD 31042
1988

The Mamas and the Papas
MCAD 31043
1988

Deliver
MCAD 31044
1988

People like us
MCAD 31344
1990

Creeque Alley/The History of the Mamas and the Papas
MCAD2 10195
1991

California Dreamin'
MCAD 22113
1994

the singles+
BS 8125-2
2000

All the Leaves are Brown – The Golden Era Collection
MCA
2001

Complete Anthology
Universal UK
2004

<u>**Mama Cass**</u>

Dream a little Dream of me
Dunhill
1968

Seite 1:

Dream a little Dream of me (Wilbur Schwandt, Fabian Andre, Gus Kahn) (US Pop #12/AC #2/UK #11)
California Earthquake (John Hartford) (US #67)
The Room nobody lives in (John Sebastian)
Talkin' to your Toothbrush (John Simon)
Blues for Breakfast (Richard Manuel)
You know who I am (Leonard Cohen)

Seite 2:

Rubber Band (Cyrus Faryar)
Long Time loving you (Stuart Scharf)
Jane, the Insane Dog Lady (Simon)
What was I thinking of (Leah Cohen)
Burn your Hatred (Graham Nash)
Sweet Believer (Cyrus Faryar)

Bubble Gum, Lemonade & .... Something for Mama
Dunhill
1969

Seite 1:

It's getting better (Barry Mann, Cynthia Weil)
Blow me a Kiss (Jack Carone)
Sour Grapes (Tom Ghent)
Easy come, easy go (Diane Hildebrand, Jack Keller)
I can dream, can't I? (Sammy Fain, Irving Kahal)
Welcome to the World (Martin Eagle Siegal, Scott English)

Seite 2:

Lady Love (Delaney Bramlett)
He's a Runner (Laura Nyro)
Move in a little closer Baby (Robert o'Connor, Arnold Jay Capitanelli)
When I just wear my Smile (Tom Lane, Sharyn Pulley)
Who's to blame (Leah Kunkel)
Make your own Kind of Music (Barry Mann, Cynthia Weil)

Make your own Kind of Music
Dunhill
1969

(Dieses Album war eine Neuauflage des Vorgängeralbums, „Bubble Gum, Lemonade & .... Something for Mama“.)

Dave Mason & Cass Elliot
Blue Thumb Records
1971

Seite 1:

Walk to the Point (Dave Mason) 4:00
On and on (Ned Doheny) 3:35
To be free (Dave Mason) 3:34
Here we go again (Dave Mason, Bryan Garo) 2:49
Pleasing you (Dave Mason, Juster) 3:02

Seite 2:

Sit and wonder (Dave Mason, Cass Elliot) 3:30
Something to make you happy (Dave Mason) 2:15
Too much truth, too much Love (Dave Mason) 3:49
Next to you (Bryan Garo) 2:31
Glittering Façade (Dave Mason) 4:41

Cass Elliot
RCA
1971

I'll be home (Rand Newman) 3:37
Baby I'm yours (Van McCoy) 2:32
Jesus was a Cross Maker (Judee Sill) 3:04
That Song (Bill Dean) 2:12
When it doesn't work out (Leah Kunkel) 4:25
I'll be there (Bobby Darin) 2:24
Disney Girls (Bruce Johnston) 4:07
I think it's going to rain today (Randy Newman) 2:43
Cherries Jubilee (Marilyn Messina) 4:35
All in the Game (Carl Sigman, Charles Dawes) 3:12

The Road is no Place for a Lady
RCA
1972

(If you're gonna) Break another Heart (Albert Hammond, Michael Hazelwood)
Saturday Suit (Jimmy Webb)
Does anybody love you (Renee Armand, Kerry Chater)
Walk beside me (Mike Leslie, Billy Day)
All my Life (Diane Hildebrand, Leah Kunkel)
Say Hello (Paul Williams)

Who in the World (Malcolm Arnold, Trade Martin, Geoff Morrow)
Love was not a Word (Al Gorgoni, Martin, Chip Taylor)
Oh Babe, what would you say (Hurricane Smith)
The Road is no Place for a Lady (Kunkel)

"Don't call me Mama anymore"
RCA
1973

Introduction: Dream a little Dream of me/Extraordinary (Fabian Andre, Belwin, Jobete, Gus Kahn, Stephen Scheartz, Wilbur Schwandt) 2:38
I think a lot about you (Margo Guryan) 2:12
Audience Rap (Cass Elliot) 2:07
Don't call me Mama anymore (Earle Brown) 3:10
My Love (Linda McCartney, Paul McCartney) 3:24
I'm coming to the best Part of my Life (John Bettis, Roger Nichols) 3:53
The Torch Song Medley: (Ahlert, Arlen, Earle Brown, Cromwell, Ellington, Oscar Hammerstein II, Harms, Jerome Kern, Ted Koehler, Turk, Warner, Webster-Robbins) 6:05
  I came here to sing a Torch Song
  I gotta Right to sing the Blues
  I got it bad (and that ain't good)
  Mean to me
  Why was I born?
  I came here to sing a Torch Song (Reprise)
Audience Rap (Cass Elliot) 1:29
The Night before (Joel Hirschhorn, Al Kasha) 3:14
I like what I like (Earle Brown, Sammy Fain, Irving Kahal) 4:02
I'll be seeing you/Don't call me Mama anymore (Reprise) (Michael Sklar, Ben Weisman) 3:08

The Complete Cass Elliot Solo Collection 1968-71
Hip-o Select
2007

CD 1:

Dream a little Dream of me (Fabian Andre, Wilbur Schwandt) 3:41
California Earthquake (John Hartford) 2:41
The Room nobody lives in (John Sebastian) 3:10
Talkin' to your Toothbrush (John Simon) 2:23
Blues for Breakfast (Richard Manuel) 2:56
You know who I am (Leonard Cohen) 4:04
Rubber Band (Cyrus Faryar) 3:29
Long Time loving you (Stuart Scharf) 1:58
Jane, the insane Dog Lady (John Simon) 2:02
What was I thinking of (Leah Cohen) 4:02
Burn your Hatred (Graham Nash) 2:03
Sweet Believer (Cyrus Faryar) 4:58

(1-12: Dream a little Dream-Album, 1968)

It's getting better (Barry Mann, Cynthia Weil) 3:00
Blow me a Kiss (Jack Carone) 2:50
Sour Grapes (Tom Ghent) 2:31
Easy come, easy go (Diane Hildebrand, Jack Keller) 2:46
I can dream, can't I (Sammy Fain, Irving Kahal) 2:34
Welcome to the World (Martin Eagle, Scott English) 2:19
Lady Love (Delaney Bramlett) 3:03
He's a Runner (Laura Nyro) 3:39
Move in a little closer, Baby (Arnold Jay Capitanelli, Robert o'Connor) 2:39
When I just wear my Smile (Sharyn Pulley, Tom Lane) 2:22
Who's to blame (Leah Kunkel) 2:58

(13-23: Bubble Gum, Lemonade & .... Something for Mama-Album, 1969)

CD 2:

Make your own Kind of Music (Single, 1969) (Barry Mann, Cynthia Weil) 2:26
New World coming (Single, 1970) (Barry Mann, Cynthia Weil) 2:11
A Song that never comes (entnommen aus „Mama's Big Ones") (Terry Cashman, Gene Pistilli, Tommy West) 2:28
The Good Times are comin' (entnommen aus „Monte Walsh") (John Barry, Hal David) 2:54
Don't let the good Life pass you by (Single 1970) (Sharon Rucker) 2:48
One Way Ticket (entnommen aus „Mama's Big Ones") (Bruce Hart, Stephen Lawrence) 2:49
Ain't nobody else like you (entnommen aus „Mama's Big Ones") (Sharon Rucker) 2:24
The Costume Ball (entnommen aus „Doctor's Wives") (Alan Bergman, Marilyn Bergman, Elmer Bernstein) 2:37
Darling be home soon (noch unveröffentlicht) (John Sebastian) 3:03
Sistowbell Lane (noch unveröffentlicht) (Joni Mitchell) 3:29
For as long as you need me (noch unveröffentlicht) (Terry Cashman, Gene Pistilli, Tommy West) 2:43
Different (entnommen aus „Pufnstuf") (Charles Fox, Norman Gimbel) 2:12
Here we go again (entnommen aus „Dave Mason & Cass Elliot") (Cass Elliot, Bryan Garo) 2:51
All for me (Single-B-Seite, 1969) (Michael Price, Dan Walsh) 1:52
A Song that never comes (Mono-Single-Mix) (Terry Cashman, Gene Pistilli, Tommy West) 2:29

John Phillips

JOHN PHILLIPS (John The Wolfking Of L.A.)
Dunhill
1970

April Anne (John Phillips) 3:22
Topanga Canyon (John Phillips) 3:53

Malibu People (John Phillips) 3:41
Someone's sleeping (John Phillips) 2:46
Drum (John Phillips) 3:36
Captain (The Mermaid) (John Phillips) 3:25
Let it bleed, Genevieve (John Phillips) 2:53
Down the Beach (John Phillips) 2:52
Mississippi (John Phillips) 3:36
Holland Tunnel (John Phillips) 3:41

2006-CD-Bonus-Tracks

Shady (John Phillips) 3:48
Lonely Children (John Phillips) 3:44
Lady Genevieve (John Phillips) 4:30
Black Girl (traditional) (John Phillips) 3:29
The Frenchman (John Phillips) 4:03
16mm Baby (Matthew Reich) 2:41
Larry, Joe, Hal and Me (John Phillips) 2:25
Mississippi (single version) (John Phillips) 3:07

Pay Pack & Follow
2001

Mr Blue (John Phillips) 3:49
She's just 14 (John Phillips) 4:55
Wilderness of Love (John Phillips) 3:49
Oh Virginia (John Phillips) 4:11
Sunset Boulevard (John Phillips) 4:17
Pussycat (John Phillips) 6:09
Zulu Warrior (John Phillips, Mick Jagger) 3:28
Very Dread (John Phillips) 4:37
2001 (John Phillips) 4:37

Phillips 66
2001

California Dreamin' (John Phillips, Michelle Phillips) 3:13
Me and my Uncle (John Phillips) 3:28
Babies (John Phillips) 4:01
Slow Starter (John Phillips) 3:10
Average Man (John Phillips) 4:11
She got she (John Phillips) 3:50
Boys from the South (John Phillips) 3:06
There is a Place (John Phillips) 3:05
Campy California (John Phillips) 3:20
Gram's Song (John Phillips) 3:42
Whiskey, Wine & Champagne (John Phillips) 4:21
If (John Phillips) 3:36

Pussycat
2008

Wilderness of Love
2001
Oh Virginia
Mr. Blue
She's just 14
Zulu Warrior
Pussycat
Sunset Boulevard
Very dread
Susan, Susan

Bonus Tracks:

Time Machine (Cutting ahead)
Feather your Nest
Don't back now (World's Greatest Dancer)
Liar Liar
Hello Mary Lou (Instrumental)

Many Mamas, many Papas – Studio Recordings 1981-1989
2010

CD 1:

Go Now! – Leadgesang Denny Doherty
Frankie – Leadgesang Scott McKenzie
Chinaman
Love is coming back – Leadgesang Spanky McFarlane
Yachts
I wish – Leadgesang John Phillips
Not too cool
Kokomo – Leadgesang Denny Doherty & Scott McKenzie
Love Song – Leadgesang Mackenzie Phillips
She got she (The Game of Love) – Leadgesang John Phillips
Babies
Love Life – Leadgesang John Phillips
Crying in the Shower – Leadgesang Mackenzie Phillips
Flowers – Leadgesang Spanky McFarlane
Fairy Tale Girl (Somewhere near Japan) – Leadgesang John Phillips
Kwella – Leadgesang John Phillips

CD 2 (Live-Bonus nur auf CD):

One Day at a Time (Fernsehmelodie) – Mackenzie Phillips, Leadgesang
Spanky and Our Gang Medley: Lazy Days/I'd like to get to know you/Sunday will never be the Same – Spanky McFarlane Leadgesang
Mississippi – John Phillips Leadgesang
12:30 (Young Girls are coming to the Canyon)

San Francisco (Be sure to wear some Flowers in your Hair)
Straight Shooter – John Phillips Leadgesang
Creeque Alley

<u>Michelle Phillips</u>

Victim of Romance
1977

Aching Kind (John Martin) 3:20
Let the Music begin (Alan Gordon) 3:56
Victim of Romance (John Martin) 3:44
Trashy Rumors (Michelle Phillips) 4:04
There she goes (Michelle Phillips) 4:19
Paid the Price (John Martin) 2:42
Baby as you turn away (Barry Gibb, Robin Gibb, Maurice Gibb) 3:58
Lady of Fantasy (Michelle Phillips) 3:28
Just one Look (Gregory Carrol, Doris Payne) 2:44
Where's mine? (Scott Mathews, Ron Nagel) 4:03

Bonustitel auf der am 27. März 2007 veröffentlichten Limited Edition „Victim of Romance & Rarities":

No Love today (Roger Nichols, Will Jennings) (aus Mother, Jugs & Speed)
Aloha Louie (Michelle Phillips, John Phillips)
There she goes (Originalversion) (Michelle Phillips)
The Shoop Shoop Song (It's in his Kiss) (Rudy Clark)
Trashy Rumors (original version) (John Phillips)
Guerita (Michelle Phillips)
Aces with you (Michelle Phillips)
Champagne and Wine (Roy Lee Johnson, Otis Redding, Alan Walden)
Having his Way (Michelle Phillips)
You give good Phone (Michelle Phillips)

<u>Denny Doherty</u>

Watcha gonna do
1971

Seite 1:

Watcha gonna do (Denny Doherty, Linda Woodward) 2:21
Neighbors (Gabe Lapano, Linda Woodward) 3:49
Gathering the Words (Denny Doherty, Linda Woodward) 4:09
Don't you be fooled (Denny Doherty) 2:46
Got a Feelin' (Denny Doherty, John Phillips) 3:26

Seite 2:

Tuesday Morning (Denny Doherty, Eddie Fischer, Linda Woodward) 4:44
Still can't hear the Music (Denny Doherty) 2:53
Hey good looking (Hank Williams) 1:45
The Drummer's Song (Eddie Fischer, Laura Woodward) 3:18

Here comes the Sun (George Harrison)/Two of us (John Lennon, Paul McCartney) 5:43

Das Album wurde im gleichen Jahr bei Dunhill auch unter dem korrekten Titel „Alone at last“ veröffentlicht.

California ’99 – Jimmie Haskell
ABC Records
1971

Denny Doherty taucht auf dieser Promotions-LP bei „To Claudia on Thursday“ mit seinem Gesang auf.

Waiting for a Song
Ember Records
1975

Simone (England Dan, John Ford Coley) 3:16
Children of my Mind (Gary Osborne) 3:14
You’ll never know (Mack Gordon, Harry Warren) 2:57
Together (The Addrisi Brothers) 3:17
It can only happen in America (Denny Doherty) 4:02
Southern Comfort (Rick Sandler) 3:07
You’ve lost that lovin’ Feeling (Barry Mann, Phil Spector, Cynthia Weil) 4:21
Goodnight and Good Morning (Daryl Hall, John Oates) 2:36
Lay me down (Roll me out to Sea) (Larry Weiss) 4:13
Give me back that old familiar Feeling (Bill C. Graham) 2:31
I’m home again (Tim Martin) 3:03

Das Album erschien nur in Kanada und Großbritannien. Es ist identisch mit der 2008 erschienenen CD „Denny Doherty by himself“.

Singles:

Watcha gonna do (Denny Doherty, Linda Woodward)/Gathering the Words (Denny Doherty, Linda Woodward)
Dunhill, 1971

Indian Girl (Terry Sylvester)/Baby catch the Moon (Gary Zekley)
Columbia, 1973

You’ll never know (Mack Gordon, Harry Warren)/Children of my Mind (Gary Osborne)
Paramount-Ember, 1974

DVDs:

Straight Shooter, 2001
The Complete Monterey Pop Festival (The Criterion Collection), 2002
California Dreamin’ – The Songs of The Mamas & The Papas, 2005
California Dreamin’, 2005
The Mamas & The Papas California Dreamin’, 2007
Legends of the Canyon, 2013

Ankündigung von Dunhill Records 1966

the MAMA'S and the PAPA'S

The Mama's And The Papa's came up to Dunhill offices shortly after their return from The Virgin Islands. Here they lived in a state of semi-existentialism, which is more or less to say that the grass was their bread and the sea was their water.

They set up camp in the foliage behind the beach, and every day would laze in the sun singing their songs to the curious natives who grew to know them and love them. But the steelgloved hand of bureaucracy descended, and as all good things must come to an end, so did this. The Park Rangers accused the Mamas and Papas of committing trespass on their beaches, and the governor of the islands said, "Go!"

And so they arrived at Dunhill and sang for us, and we all watched and were amazed. Lou Adler, who had brought them there in the first place, beamed paternally, took them into the studio, and produced twelve sides. One of these, "California Dreamin'" was their first record which became an enormous succes.

Another, "Monday, Monday" was their second record which did equally well. The others are in their first album which is also becoming something of a sensation.

But then, "The Mama's And The Papa's" ARE a sensation. And you needn't take our word for it. Just ask our competitors.

Abb. 39: Sehr farbenfreudige Vorlage: Bandfoto von The Mamas and The Papas.

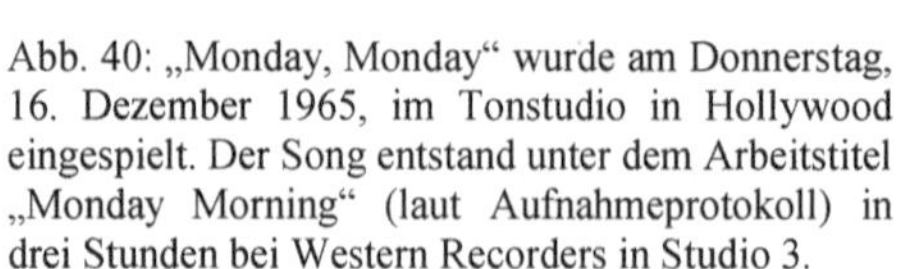
Abb. 40: „Monday, Monday" wurde am Donnerstag, 16. Dezember 1965, im Tonstudio in Hollywood eingespielt. Der Song entstand unter dem Arbeitstitel „Monday Morning" (laut Aufnahmeprotokoll) in drei Stunden bei Western Recorders in Studio 3.

Abbildungsverzeichnis

Zusätzlicher Quellennachweis von Jürgen Bormann für die Cover- und Label-Scans: http://www.allcdcovers.com/search/all/all/mamas%20and%20papas/1#sthash.fCYoLqrW.iEDnEXRx.dpbs http://www.45cat.com/45_search.php?sq=mamas+and+papas&sm=se

Verwendete Literatur

„Bitte hasst meinen Vater nicht – er war voller Liebe“, Tages-Anzeiger, Zürich, vom 24. September 2009

A history of the Hardgrave family: The Descendants of Major Francis Hardgrave, Revolutionary War Soldier, Vol. 1, Russell Pub. Co., 1998, S. 269

Fred Bronson: Billboard's Hottest Hot 100 Hits – Facts and Figures about Rock's Top Songs and Song Makers with the 3000 biggest Singles from 1955 to the Present, Omnibus Press, London 1991, ISBN 0.7119.2840.1

California, Band 11, New West Communications Corporation, 1986

Anne Commire (Hrsg.): „Cass Elliot“, in: Women in World History – A Biographical Encyclopedia, Bd. 6, Yorkin Publications, Gale Group, Detroit 2000

Colin Cross (Bearb.) mit Paul Kendall & Mick Farren: Encyclopedia of British Beat Groups & Solo Artists of the Sixties, Omnibus Press, London 1980, ISBN 0.86001.638.2

Eddi Fiegel: Dream a Little Dream of Me: The Life of 'Mama' Cass Elliot, Sidgwick & Jackson, London 2005, ISBN 0-283-07331-4

Patricia Fox-Sheinwold: Too Young to Die, rev. ed., Weathervane Books, New York 1981, ISBN 978-0-8241-0006-3

Gary Graff, Daniel Durchholz: Rock 'n' Roll Myths: The True Stories Behind the Most Infamous Legends, Voyageur Press, 2012, ISBN 978-0760342305

Matthew Greenwald: Go Where You Wanna Go – The Oral History of the Mamas & the Papas, mit einem Vorwort von Andrew Loog Oldham, Copper Square Press, New York 2002

Doug Hall: The Mamas & The Papas – California Dreamin', Quarry Press, 2000

Brock Helander: The Rock Who's who, A Biographical Dictionary and Critical Discography including Rhythm and Blues, Soul, Rockabilly, Folk Country, Easy Listening, Punk, and New Wave, Schirmer Books, 1982/1996

Don Hibbard mit Carol Kaleialoha, Diskographie von Jay Junker: The Role of Rock, University Press, 1983

Hitbilanz – Deutsche Chart Singles 1956-1980, Top 10, Taurus Press, Hamburg 1990

Christopher Hjort: So You Want to Be a Rock 'n' Roll Star: The Byrds Day-by-Day 1965-1973, Jawbone Press, 2008

Tony Jasper (Bearb.): The Top Twenty Book – Thirty Years of Hits – The official British Record Charts 1955-1985, hrsg. von Music Week, Javelin Books, New York 1986

Frank Jermance, Dick Weissman: Navigating the Music Industry – Current Issues & Business Models, Hal Leonard, 2003, ISBN 0-634-02652-6

Jon Johnson: Make your own kind of music: A career retrospective of Cass Elliot; featuring The Big 3, The Mugwumps, The Mamas & The Papas, 1987

Frank Laufenberg: Pop+Rock Almanach – Ein Kalender für 366 Tage, Bastei Lübbe, Band 60 022, Bergisch Gladbach 1980, ISBN 3-404-60022-3

Ray M. Lawless: Folksingers and folksongs in America – A handbook of biography, bibliography, and discography, 1st edition, Sloan and Pearce, New York 1960

David Leaf: Beach Boys – Die Strandjungen aus Kalifornien, Heyne Diskothek, Wilhelm Heyne Verlag, München 1980, ISBN 3-453-80040-0

Dave McAleer: Encyclopedia of Hits: The 1960s – All the UK and US Top 10 Hits, Blandford, London 1996, ISBN 0-7137-2609-1

Robert Milliken: Mother of Rock – The Lillian Roxon Story, Black Inc., Melbourne Victoria 2010, ISB 978-1863954648 (pbk.), S. 453 f.

Charles S. Murray: Crosstown Traffic – Jimi Hendrix and the Post-War Pop, Faber and Faber, London 1989, ISBN 0-571-14936-7

William L. O'Neill: The Scribner Encyclopedia of American Lives, Volume two: M-Z, C. Scribner's Sons, 01.01.2003, S. 202-204, ISBN 978-0684806662

NN: The Mamas and the Papas: 16 of their greatest hits in piano/vocal/guitar notation, plus a complete history of the band, MCA Music Pub., 1990

Norm N. Nite: Rock on: The illustrated Encyclopedia of Rock 'n Roll, the Modern Years, T. Y. Crowell Co., 1978, S. 300 ff., ISBN 978-0-69001-196-8

Tom und Sara Pendergast: St. James Encyclopedia of Popular Culture, St. James Press, 2000, ISBN 978-1-55862-400-9

John Phillips: Papa John – An Autobiography, Doubleday & Co., Garden City, N.Y. 1986, ISBN 978-0440167839

Michelle Phillips: California Dreamin': The true Story of the Mamas and the Papas, Warner Books, 1987, ISBN 978-0-446-51308-1

Dafydd Rees, Luke Crampton: Rock Movers & Shakers, New York 1991

Jo & Tim Rice, Paul Gambaccini, Mike Read: The Guinness Book of British Hit Albums, 1. Aufl., Grrr Books Ltd and Guinness Superlatives Ltd, London 1983, ISBN 0-85112-246-9

Lucy Barry Robe: Co-starring famous Women and Alcohol, CompCare Publications, 1986, ISBN 978-0-89638-100-1

Lillian Roxon: Lillian Roxon's Rock Encyclopedia, New York 1969

Siegfried Schmidt-Joos, Barry Graves, mit Diskographien von Bernie Sigg: Rock-Lexikon, rororo Rowohlt, erw. Ausg., Reinbek bei Hamburg 1975, ISBN 3-499-16177-X

Rolf Schmitz (Red.): Schlager-Jahrbuch Nr. 2, Bastei-Verlag Gustav H. Lübbe, Bergisch-Gladbach 1966

Jason Schneider: Whispering Pines – The Northern Roots of American Music, ECW Press, Canada 2009, ISBN 978-1-55022-874-8

Arnold Shaw: The Rock Revolution: What's Happening in Today's Music, Collier Macmillan Ltd, 1969, ISBN 0027824004

Marianne Sinclair: Those Who Died Young, Pengui, New York 1979, ISBN 978-0-85965-029-8

Phil Swern und Shaun Greenfield: 30 years of Number 1a – UK and US Chart-Toppers 1960-1989, BBC Books, London 1990, ISBN 0-563-36084-4

David Tame: Die geheime Macht der Musik. Die Transformation des Selbst und der Gesellschaft durch musikalische Energie, Zürich 1991 (Original: The Secret Power of Music, o. O. 1984)

Nick Talevski: Rock Obituaries – Knocking On Heaven's Door, Omnibus Press, London 2010, ISBN 0-857-12117-0

John Tobler: 100 great Albums of the Sixties, Littler, Brown and Company (UK) Ltd, London 1994, ISBN 0-316-91056-2

Richie Unterberger: Turn! Turn! Turn! the '60's folk-rock revolution, Backbeat Books, San Francisco 2002, ISBN 978-0-87930-703-5

Ed Ward, Geoffrey Stokes und Ken Tucker: Rock of Ages – The Rolling Stone History of Rock and Roll, Summit Books, Orangeville 1986, ISBN 978-0671544386

Jay Warner: American Singing Groups – A History from 1940 to Today, Hal Leonard Corporation, Winona 2006, ISBN 0-634-09978-7

Dick Weissman: Which Side Are You On? An Inside History of the Folk Music Revival in America, Continuum, New York 2006, ISBN 978-0-8264-1914-9

Joel Whitburn: Top Pop Singles 1955-2008 (12 Ausg.), Record Research, 2009, ISBN 0-89820-180-2

Andy Wickham: The Mama's & the Papa's, The Mama's & the Papa's Anthology, West Coast Publications, Inc., Los Angeles 1970

Aufsätze

Matthias Blazek: „The Mamas and The Papas", in: DF-Journal, Nr. 78, hrsg. vom Sozialverein der Angehörigen der Bundeswehr in Frankreich, Fontainebleau 1997, S. 5

Gerhard Honekamp: „Monterey Pop – der Beginn der neuen Rockmusik", in: Good Times – Die Musik der Sixties & Seventies, Nr. 3/1995, S. 48 f.

Thomas Krug (Red.): „The Mama's & Papa's: Hits im Zeitgeist", in: 25 Jahre internationale Popmusik in Wort, Bild und Ton – Gruppen auf dem Weg nach vorne, Lekturama, Köln 1989, S. 68 f.

Zeitschriften

Cheetah, Oktober 1967

KRLA BEAT, 27. August 1966

Let it rock, August 1973

LIFE, 30. September 1966

Melody Maker, 31. August 1968

Newsweek, 12. August 1974

New Musical Express, 3. Dezember 1966

New Musical Express, 24. Juni 1972

New York Times, 30. Juli 1974

People, 14. November 1977

People, 26. April 1982

pop EXPRESS – Die Zeitung in der Zeitschrift – Pfeilschnell, brandheiß, superaktuell, Nr. 7/29. August 1974

Rolling Stone, Nr. 20/26. Oktober 1968

Saturday Evening Post, 25. März 1967

The Observer, 15. März 2009

The Times, 7. Oktober 1967

The Times, 31. Juli 1974

The Times, 6. August 1974

Time, 12. August 1974

Wilmington Morning Star, 27. Januar 1978

SugarBuzz Magazine: Heidi Lee (SugarBuzz Michigan): The Mamas and the Papas

Weitere musikgeschichtliche Publikationen des Verfassers

Matthias Blazek: Das niedersächsische Bandkompendium 1963-2003 – Daten und Fakten von 100 Rockgruppen aus Niedersachsen, Celle 2006, ISBN 978-3-00-018947-0

Matthias Blazek: Vor 50 Jahren startete im Celler Raum der Beat durch – 50 Jahre Beatlemania in Celle, bpr-Projekt GbR, Celle 2013, ISBN 978-3-00-041877-8

Matthias Blazek: Die Geschichte des Musikzugs der Freiwilligen Feuerwehr Eldingen 1910-2010, Oesselmann, Eldingen 2010, ISBN 978-3-00-029234-7

Matthias Blazek: „Als das Radio noch nicht erfunden war: Celler Männerchöre im Kaiserreich, Teil 1-3 – Im 19. Jahrhundert werden im Landkreis Celle zahlreiche Gesangvereine gegründet“, Sachsenspiegel 36, 37 und 38, Cellesche Zeitung vom 7., 14. und 21. September 2013

Anmerkungen:

[1] Let it Rock, August 1973.
[2] Swern; Greenfield, S. 34 f., McAleer, S. 155-185 (mit Hintergrundiformationen). Bei den Single- und Albumtiteln werden in diesem Buch nur die ersten Buchstaben und Substantive groß geschrieben.
[3] Bronson, S. 239.
[4] O'Neill, S. 202-204.
[5] http://wc.rootsweb.ancestry.com/cgi-bin/igm.cgi?op=GET&db=dowfam3&id=I324073, abgerufen am 17. September 2013. Dort auch ein Porträtfoto des US-Marine-Corps-Captains Phillips. Vgl. A history of the Hardgrave family: The Descendants of Major Francis Hardgrave, Revolutionary War Soldier, Vol. 1, Russell Pub. Co., 1998, S. 269.
[6] Phillips, Papa John, S. 41-43.
[7] http://www3.clearlight.com/~acsa/introjs.htm?/~acsa/songfile/MEANDMYU.HTM, http://www.deadbase.com/homebase.html.
[8] „Michelle Phillips Film Reference Biography", filmreference.com.
[9] Digger talks to California Girl Michelle Phillips of The Mamas and The Papas. Interview mit Michelle Phillips bei http://www.retrosellers.com/features185.htm.
[10] Wednesday, February 2, 2011: Muse: Michelle Phillips, Blogspot, http://callmeredtelephone.blogspot.de/2011/02/muse-michelle-phillips.html.
[11] Crow, Cameron, Rolling Stone Staff Writer, „Ex-Mama Michelle sings again", Wilmington Morning Star, 27. Januar 1978. Jüngere Biographien geben den 10. August 1970 als Scheidungsdatum an.
[12] NNDB: Michelle Phillips, http://www.nndb.com/people/824/000092548.
[13] Cass Elliot, foGlobe.com, http://foglobe.com/cass-elliot.html.
[14] The Official Cass Elliot Website, http://www.casselliot.com/biography.htm.
[15] Campbell, Richard Barton, Liner Notes zu The Magic Circle, 1999.
[16] Talevski, S. 559.
[17] Campbell, Richard Barton, Liner Notes zu Waiting for a Song (Wiederveröffentlichung), 2001.
[18] Ceriotti, Bruno, The Mama's and The Papa's Family Tree, http://rockprosopography102.blogspot.de/2011/03/mamas-and-papas-family-tree.html.
[19] http://www.45cat.com/record/931105. Scott McKenzie hatte bereits Mitte der fünfziger Jahre bei einer Band namens **The Singing Strings** gespielt, neben Tim Rose, Buck Hunnicutt, Speery Romig und Alan Stubbs.
[20] Campbell, Richard Barton, Liner Notes zu The Magic Circle, 1999.
[21] http://www.scottmckenzie.info/der-kuenstlername.html.
[22] http://www.45cat.com/record/931105.
[23] http://phantomdmr.tripod.com/Pages/smoothies.html.
[24] Greenwald, S. 3.
[25] http://rateyourmusic.com/list/johnsmusicbox/john_e_a_phillips. Eric Weissberg, geboren am 16. August 1939, wurde 1973 mit dem Titel „Dueling Banjos" für den Kinostreifen „Deliverance" bekannt.
[26] In The Beginning, Liner Notes zu LP The Mamas & The Papas Pop Gold ABC Records 25 583 HT D 1977.
[27] Vgl. Lawless, S. 231.
[28] http://www.alexanderkutsche.de/musik/Bands2/Mamas&Papas.html.
[29] http://www.allmusic.com/artist/journeymen-mn0000084514/biography.
[30] The Journeymen, Discography, All Music Guide.
[31] Ab Mitte der 1960er Jahre begann der 1941 in Rio de Janeiro geborene Brightman eine Tätigkeit als Drehbuchautor, zunächst für das Fernsehen. In dieser Zeit entwickelte sich der Kontakt zu Woody Allen, mit dem er bei mehreren Filmen zusammenarbeitete, beispielsweise „Der Schläfer" und „Der Stadtneurotiker".

[32] The Encyclopedia of Popular Music by Colin Larkin, Guinness Pub., Enfield, Middlesex 1995, Stockton Press, New York 1995, ISBN 978-0851126623. Licensed from Muze.
[33] Altman, Billy, Booklet-Text zu „The Mamas & The Papas Gold", Doppel-CD (2005) mit Querschnitten durch die fünf Studioalben.
[34] „The Things that my Mind trouble", All Music Guide entry.
[35] Weissman, S. 15.
[36] Diskography, All Music Guide.
[37] Plunkett-Latimer, Abraham, Denny Doherty, in: The Canadian Encyclopedia / The Encyclopedia of Music in Canada.
[38] Campbell, Richard Barton, Liner Notes zu The Magic Circle, 1999.
[39] Schneider, S. 1948.
[40] Campbell, Richard Barton, Liner Notes zu The Magic Circle, 1999.
[41] Campbell, Richard Barton, Liner Notes zu The Mugwumps – An Historic Recording, 2007, unter Bezugnahme auf Alan Lorbers „A New York Music Story".
[42] Wood, Arthur, The Mugwumps – Biography, http://myweb.tiscali.co.uk/pawtrait/folkville/biographies/TheMugwumps.html.
[43] Campbell, Richard Barton, Liner Notes zu The Mugwumps – An Historic Recording, 2007, unter Bezugnahme auf Alan Lorbers „A New York Music Story".
[44] Campbell, Richard Barton, Liner Notes zu The Mugwumps – An Historic Recording, 2007, unter Bezugnahme auf Alan Lorbers „A New York Music Story".
[45] In The Beginning (POPGOLD).
[46] Vgl. Pendergast, S. 251.
[47] Huffman, Eddy, „V.I. Dreaming: Doherty's Death Sparks Memories of the Mamas and the Papas", http://stthomassource.com/content/news/local-news/2007/01/22/vi-dreaming-dohertys-death-sparks-memories-mamas-and-papas.
[48] Creeque Alley by The Mamas and The Papas – An Analysis, http://www.creequealley.com.
[49] Dream a little Dream of me – the *nearly* true story of The Mamas & The Papas, http://www.dennydoherty.com/dream/dream11.html.
[50] Lou Adler, geboren am 13. Dezember 1933, managte Jan & Dean und produzierte Johnny Rivers, Sam Cooke, The Mamas and The Papas, Barry McGuire, The Grass Roots, Spirit, Carole King und Cheech and Chong. Er übernahm Dunhill Records, wurde der Label-Boss und Top-Produzent, bis er es 1967 an ABC Records verkaufte, und startete dann Ode Records. Im gleichen Jahr organisierte er mit John Phillips das Monterey International Pop Festival und den davon handelnden Film, „Monterey Pop".
[51] Zur Entstehungsgeschichte des Songs vgl. NPR-Interview von Susan Stramberg mit Michelle Phillips vom 8. Juli 2002.
[52] NPR Radio über „California Dreamin'".
[53] Barry McGuire – Richie Unterberger Interview, http://www.richieunterberger.com/mcguire.html.
[54] Fiegel, S. 168 f., Phillips, Papa John, S. 138.
[55] Cogan, Jim; Clark, William, Temples of Sound, 2002, S. 33.
[56] Von dieser Aufnahmesession gibt es ein Foto, das Barry McGuire mit den Mamas & Papas an den Mikrophonen zeigt. http://avaxhome.ws/music/rock/folk-rock_country-rock/Barry_McGuire_TPT_TWLPC.html.
[57] Finnis, Rob, You Heard it Here First, Vol. 2, Liner Notes, 2010, S. 7.
[58] Der Titel ist als abschließender Bonustitel auf dem Universal Musik (Dänemark)-CD-Sampler (1997) „The Mamas & The Papas and friends …: Greatest Hits – 20 great songs of piece" wieder veröffentlicht.
[59] Nachruf bei JazzTimes.com: „Bud Shank, Alto Saxophonist, dies at 82".
[60] McAleer, S. 189.
[61] Rice; Rice; Gambaccini; Read, S. 103.
[62] Eder, Bruce, „If you can believe your Eyes and Ears" bei AllMusic.
[63] Tobler, S. 36.

[64] Schwarz, John I., Elliot, Cass, American National Biography Online, http://www.anb.org/articles/18/18-02353.html.
[65] Hitbilanz – Deutsche Chart Singles 1956-1980, S. 228-232.
[66] Bronson, S. 242.
[67] Whitburn, S. 609, „Billboard Hot 100", Billboard (Nielsen Company) 78 (33): 22. 1966.
[68] „Bones Howe". The Wrecking Crew Out Take Theater. The Wrecking Crew (Film von 2008).
[69] „Denny Doherty obituary".
[70] Strodder, Chris, Swingin' chicks of the '60s, Cedco Pub., 2000, S. 137.
[71] KRLA BEAT, 27. August 1966, S. 16, „Mama's & Papa's Wax Unique LP".
[72] Phillips, California Dreamin', S. 91.
[73] Altman, Billy, Booklet-Text zu „The Mamas & The Papas Gold", Doppel-CD (2005) mit Querschnitten durch die fünf Studioalben.
[74] Greenwald, S. 142.
[75] Greenwald, S. 139.
[76] Schwarz, John I., Elliot, Cass, American National Biography Online, http://www.anb.org/articles/18/18-02353.html.
[77] LIFE, 30. September 1966, S. 80.
[78] McAleer, S. 222.
[79] Rice; Rice; Gambaccini; Read, S. 103.
[80] Beitrag von William Kloman in der Saturday Evening Post vom 25. März 1967, Tame, S. 134.
[81] Swern; Greenfield, S. 40.
[82] Laufenberg, S. 287.
[83] Leaf, S. 104 f.
[84] Gilliland, John, „Show 47 – Sergeant Pepper at the Summit: The very best of a very good year, Part 3: UNT Digital Library" (Audio), 1969. Pop Chronicles. Digital.library.unt.edu. „With the exception of the music of Ravi Shankar ... songs were recreated. "
[85] Honekamp, S. 49.
[86] Murray, Crosstown Traffic.
[87] Honekamp, S. 49.
[88] Booklet zu 4-CD-Zusammenstellung „Monterey International Pop Festival June 16 · 17 · 18 · 1967", Union Square Music Ltd. Unit 1.1, London 2013, o. S. (gegen Ende).
[89] „Dream a Little Dream", Denny Doherty Website. Vgl. Fiegel, S. 229, und Phillips, Papa John, S. 182.
[90] http://www.amazon.com/review/R2L1NEPJI4DGL2.
[91] Fiegel, S. 172, 192,215.
[92] Greenwald, S. 217-220, Fiegel, S. 237 f., 327 f.
[93] Phillips, Papa John, S. 191 f., Fiegel, S. 238.
[94] Phillips wird zitiert in: Hall, S. 128. Phillips, California Dreamin', S. 156.
[95] „Pop Singer Cleared of Theft", The Times, 7. Oktober 1967.
[96] Commire, S. 186.
[97] http://www.findadeath.com/Deceased/e/Cass%20Elliot/cass_elliot.htm.
[98] https://www.historyforsale.com/html/prodetails.asp?documentid=285882&start=1&page=103.
[99] The John Phillips Research Project, http://papajohnphillips.blogspot.de/2009/11/concert-date-list-for-mamas-and-papas.html.
[100] Das Zitat ist von Michelle Phillips, California Dreamin', S. 145-146. Vgl. Phillips, Papa John, S. 186: „Es stellte sich heraus, dass es eine unserer letzten Shows war, aber es war ein guter Weg zu gehen."
[101] https://www.historyforsale.com/html/prodetails.asp?documentid=285878&start=1&page=103.
[102] https://www.historyforsale.com/html/prodetails.asp?documentid=285875&start=1&page=103.
[103] https://www.historyforsale.com/html/prodetails.asp?documentid=285879&start=1&page=103.
[104] https://www.historyforsale.com/html/prodetails.asp?documentid=285881&start=1&page=103.

[105] Song artist 565 – The Mamas & The Papas, http://tsort.info/music/pyf6zu.htm.
[106] Fiegel, S. 246.
[107] Hjort, S. 160.
[108] Schmidt-Joos; Graves, S. 224.
[109] California, S. 34.
[110] John Phillips 1981 in einer öffentlichen Anhörung über Drogen in New York City. Robe, Lucy Barry, Co-starring famous Women and Alcohol, CompCare Publications, 1986, S. 320.
[111] Greenberg, Jeffrey A., Liner Notes zu People Like Us – Deluxe Expanded Edition, 2012.
[112] Schmidt-Joos; Grayes, S. 225.
[113] „Die Deluxe-Edition-Neuauflage bietet jetzt ein 16-seitiges Booklet und neun Bonus-Tracks (Outtakes, Alternativversionen, Demos). Sie verdeutlicht, dass die LP ursprünglich von vielen Kritikern schlicht unterschätzt wurde. Als Anspieltipps zu empfehlen sind ‚Snowqueen Of Texas', ‚No Dough', ‚Shooting Star' und das Titelstück." (Good Times, Oktober/November 2012.)
[114] Vgl. Interview von Fred Dellar mit Cass Elliot, New Musical Express, 24. Juni 1972: „Mama Cass: Why ‚Unprofessional' Mamas, Papas had to break up".
[115] Rees; Crampton, S. 323.
[116] Liner Notes von Chris Champion und Jeffrey A. Greenberg zu John Phillips „Many Mamas, many Papas featuring Denny Doherty, Spanky McFarlane, Mackenzie Phillips and Scott McKenzie", 2010.
[117] Good Times – Die Musik der Sixties & Seventies, 2/98, S. 29.
[118] The Mama's & The Papa's, http://www.vocalhalloffame.com/inductees/mamas_papas.html.
[119] Talevski, S. 155.
[120] Fiegel, Eddi, Liner Notes zu Dream a little Dream of me – The Music of Mama Cass Elliot, 2005.
[121] http://www.findadeath.com/Deceased/e/Cass%20Elliot/cass_elliot.htm.
[122] Vgl. Graff; Durchholz, S. 166.
[123] Vgl. Campbell, Richard Barton; Greenberg, Jeffrey A., „The life and music of John Phillips in 1969", Liner Notes zu JOHN PHILLIPS (John The Wolfking Of L.A.), 2006.
[124] Brewster McLeod, IMDB.
[125] Myra Breckenridge, IMDB.
[126] The Man Who Fell to Earth, IMDB.
[127] The Man Who Fell to Earth, IMDB.
[128] Campion, Chris, „King of the wild frontier", The Observer, 15. März 2009.
[129] Richards, Keith, LIFE, Originalverlag: Little Brown, 2010, Heyne eBooks, 2011.
[130] Helander, S. 406.
[131] Phillips, Mackenzie, High on Arrival, 2009, S. 169. Von dem Wort „Vergewaltigung" nimmt die Autorin Abstand. Offensichtlich geschah der Intimverkehr im Zusammenhang mit dem Konsum von Drogen. Vgl. Rafkin, Alan, Cue the Bunny on the Rainbow, 1998, S. 105: „From what I heard on the set, Mackenzie's father, John Phillips …, turned her onto drugs when she was young."
[132] 1970 Leonard Cohen In Hootenanny Mode, http://1heckofaguy.com/2009/02/16/1970-leonard-cohen-in-hootenanny-mode.
[133] Gritten, David, „Michelle Phillips Is a Mama Again, and Grainger Hines Is a Papa, but Don't Bill Them as Mr. and Mrs.", People, 26. April 1982, http://www.people.com/people/archive/article/0,,20081996,00.html.
[134] Jermance, S. 160.
[135] Entnommen aus: Wikipedia – die freie Enzyklopädie.
[136] Original-Liner Notes zu „Waiting for a Song", Juli (!) 1974.
[137] Campbell, Richard Barton, Liner Notes zu Waiting for a Song (Wiederveröffentlichung), 2001. Leigh, Specer, Liner Notes zu Waiting for a Song (Wiederveröffentlichung), 2011.
[138] Murdoch, Lorne, Rainy Day Mind – ember Pop 1969-1974, 2009.

***ibidem*-Verlag**

Melchiorstr. 15

D-70439 Stuttgart

info@ibidem-verlag.de

www.ibidem-verlag.de
www.ibidem.eu
www.edition-noema.de
www.autorenbetreuung.de

Zeitfracht Medien GmbH
Ferdinand-Jühlke-Straße 7
99095 Erfurt, Deutschland
produktsicherheit@kolibri360.de